HECHIZOS AMOROSOS
de la Bruja Moderna

Hechizos y Rituales para triunfar en el Amor

DESCARGA GRATIS CON ESTE CÓDIGO

en la web www.editorialsirio.com/descargas

BRUJAV13

TE ENVIAREMOS UNAS PÁGINAS DE LECTURA MUY INTERESANTES

Promoción no permanente. La descarga de material de lectura solo estará disponible si se suscriben a nuestro boletín de noticias. La baja del mismo puede hacerse en cualquier momento.

Diseño de portada: Editorial Sirio, S.A.
Maquetación: Toñi F. Castellón

© de la edición original
2024 Montse Osuna

© de las ilustraciones de las páginas 35, 42, 53, 70, 75, 80, 89, 108, 114, 126, 147, 167 y 180
Miquel Zueras

© de las ilutraciones de las páginas 51, 111 y 142
Airis Hierro Gaza
@la.il.lusorial

© de la presente edición
EDITORIAL SIRIO, S.A.
C/ Rosa de los Vientos, 64
Pol. Ind. El Viso
29006-Málaga
España

www.editorialsirio.com
sirio@editorialsirio.com

I.S.B.N.: 978-84-19685-47-6
Depósito Legal: MA-21-2024

Impreso en Imagraf Impresores, S. A.
c/ Nabucco, 14 D - Pol. Alameda
29006 - Málaga

Impreso en España

Puedes seguirnos en Facebook, Twitter, YouTube e Instagram.

 El papel utilizado para la impresión de este libro está **libre de cloro** elemental (ECF) y su procedencia está certificada por una entidad independiente, no gubernamental, que promueve la sostenibilidad de los bosques. PEFC

MONTSE OSUNA

HECHIZOS AMOROSOS
de la Bruja Moderna

Hechizos y Rituales para
triunfar en el Amor

EDITORIAL
SIRIO

Índice

Introducción

LA MAGIA Y EL AMOR

El amor es un sentimiento mágico y por eso ha estado siempre estrechamente ligado a la brujería. Las hermosas leyendas y relatos tradicionales nos hablan de elixires, amuletos y sortilegios que hechizan el corazón del ser amado, de bellas durmientes o príncipes embrujados a los que un beso de amor libera de su encantamiento. Los magos egipcios preparaban filtros de amor con poder hipnótico, las pitonisas griegas enseñaban ensalmos a los guerreros enamorados, los druidas celtas conocían hierbas con las que preparaban pócimas arrebatadoras, y el mago Merlín entregó a Uther Pendragón, padre del rey Arturo, el filtro de amor que le permitió seducir a su futura reina.

El gran auge de la brujería en la Edad Media coincide con el florecimiento del amor romántico que llenará las páginas de las novelas de caballería. Jóvenes nobles, caballeros andantes, juglares, trovadores, y también pajes y escuderos, recurrían a las hechiceras y magas de los bosques

11

para obtener el favor de la amada inaccesible. Y asimismo ellas, las damas y doncellas que suspiraban de amor en sus castillos, enviaban a sus amas a rogar a las brujas que las ayudaran con sus sortilegios a conquistar al caballero que les había robado el corazón. Es rara la historia o aventura de esa época en la que no intervenga en alguna forma la magia para llevar a buen fin un romance o volver a reunir a los amantes. Pareciera que aquellas gentes sabían que el amor es un sentimiento tan delicado y excelso, que necesitamos el apoyo de una fuerza sobrenatural para conservarlo y alcanzar su feliz plenitud.

Esta intensa complicidad entre la brujería y el amor no es solo cosa de tiempos pasados. Actualmente una infinidad de mujeres y hombres de diversa edad y condición acuden a las consultas de magos, adivinas y brujas modernas para buscar solución a sus problemas sentimentales y a sus ansias de amor. Según la British Witchcraft Association, que reúne a las brujas y brujos del Reino Unido, un setenta y cuatro por ciento de las consultas recibidas en 2021, tanto personales como por teléfono o por correo, se referían a conflictos sentimentales, amores malogrados, separaciones, carencias afectivas y otras situaciones derivadas de la dificultad de las personas para hallar y conservar una pareja y construir juntas una relación profunda, placentera y estable.

Esto no debe extrañarnos en una época en que los grandes amores románticos alimentan las pantallas de los cines y la televisión, mientras fuera de ellas la vida real es cada vez más individualista y egoísta. Poco queda de romántico en una sociedad entregada a la acumulación material y al consumo descontrolado de cosas innecesarias. La competitividad desenfrenada, el ansia de dinero, el afán de aparentar una prosperidad de cartón piedra o de exhibir una imagen de modelo de publicidad parece haber desplazado a la capacidad de amar. Muchos han olvidado, o simplemente ignoran, que el amor es el tierno refugio ante las vicisitudes de la vida, la fuerza que nos permite afrontar toda clase de problemas, el sentimiento mágico que trasciende más allá de las miserias y penurias cotidianas y nos permite ser mejores, más generosos y comprensivos.

Esta degradación de los sentimientos trae aparejada la soledad, el desamparo espiritual, el vacío afectivo y la falta de enriquecimiento interior que caracterizan a las personas sin amor. Sean causantes o víctimas de esta dolorosa situación, todos sufren esa carencia, ese vacío que representa no poder disfrutar plenamente del sublime misterio del amor.

Y para recuperar la plenitud de ese misterio, nada mejor que el poder de la hechicería, la ciencia que sabe leer lo oculto, y también conseguir y celebrar el triunfo del amor. Porque el ansia de amor sigue latiendo en todos los corazones, ya sea de aquellos que aún no lo han encontrado como de quienes lo disfrutan, pero siempre con el secreto temor de perderlo.

EL AMOR BRUJO

La brujería tiene como uno de sus fines y logros más poderosos influir en el encuentro afortunado y en el frágil crecimiento y desarrollo del milagro del amor, porque su propia existencia depende de que el amor perdure y prevalezca sobre la Tierra. Y esto es así porque el amor también es brujo; es decir, un fenómeno sublime, que participa del arcano que gobierna las leyes superiores del universo, y que no puede explicarse sino como una forma de magia, un encantamiento que nos envuelve en vibraciones excelsas y desconocidas.

Los científicos han estudiado los procesos biológicos y químicos que se producen en nuestro cuerpo cuando estamos enamorados, y que alteran una serie de funciones y sistemas orgánicos ante la presencia del ser amado, o incluso con solo pensar en él o pronunciar su nombre. La psicología ha llegado a considerar al amor como una pérdida momentánea de la razón, una obsesión patológica que nubla nuestra mente como un espejismo, atribuyendo al amado virtudes y atractivos que los demás no alcanzan a percibir. La sabiduría popular, quizá más acertada, suele decir, cuando un joven suspira de amor, «ese joven está como hechizado». Y debemos aceptar que los síntomas se parecen: deambula como un sonámbulo, su mirada se extravía en el vacío, no presta atención a las cosas cotidianas, responde con monosílabos, ha perdido el apetito y no tiene voluntad para relacionarse con los demás. El amor brujo se ha apoderado de ese adolescente, y solo su consumación podrá liberarlo del hechizo.

Cuando aún no hemos conseguido caer en ese maravilloso sortilegio, o tras degustarlo lo hemos perdido por alguna razón, permanecemos —conscientemente o no— en la espera latente de ese sentimiento embrujador que nos trasladará a una dimensión distinta del espíritu. Veamos lo que nos dice sobre ese estado *Hocus pocus*, el delicioso libro de hechicería publicado por Titania: «Con la euforia inicial de un nuevo amor, sientes como si caminaras realmente a unos centímetros del suelo. No hay nada como esa sensación; no existe en la vida una experiencia más maravillosa. Si aún te encuentras a la espera de alguien especial, o si has terminado con alguien y estás dispuesta a compartir ese hechizo con un nuevo amor, prueba a encontrarlo por medio de la magia y el sortilegio». La cita concluye aquí, pero yo puedo asegurarte que, en la mayoría de los casos, uno de los hechizos que pruebes acabará envolviéndote en el mundo mágico del amor.

LOS HECHIZOS AMOROSOS

La preparación de este libro ha sido para mí una tarea apasionante, pero también un desafío. Los hechizos de amor responden a una sabiduría muy antigua, que es necesario poder descifrar y aplicar según arcanos milenarios. Despertar y orientar los sentimientos amorosos exige convocar fuerzas muy poderosas, pero también muy frágiles, que pueden esfumarse o revertirse si no dominamos el sortilegio. El amor se invoca y se conduce por medio de las más sutiles vibraciones, tanto las que provienen del universo astral, como las que emanan ciertas especies del mundo vegetal y mineral, las que residen a veces en los objetos de la vida cotidiana y, sobre todo, las que nosotros mismos, el ser amado, o la persona que quiere arrebatárnoslo, difundimos a través del aura individual que nos rodea.

No siempre es posible manejar todas estas ondas, vibraciones y emanaciones de una forma correcta y eficaz. Desde los tiempos más antiguos, los magos y hechiceras que fueron más admirados y respetados han sido aquellos que conseguían preparar filtros, conjuros y sortilegios de amor, a la vez seguros y poderosos. Y esto explica un poco por qué sentí que reunir los hechizos en un libro era para mí, humilde bruja moderna, un verdadero reto.

La solución fue estudiar los grandes tratados, consultar a mis maestros terrenales y astrales, utilizar la concentración y la visualización, y sobre todo ensayar y experimentar hasta asegurarme de que los hechizos que iba a reunir y ofrecer a mis lectores fueran los más adecuados y eficaces. Pero también que resultaran fáciles de realizar, con elementos sencillos, y sin ningún rasgo de oscurantismo o de magia negra. Y muy especialmente, que aunque no siempre sean infalibles, no posean cargas negativas ni vibraciones que puedan resultar contraproducentes y causar algún daño a las personas implicadas. Puedo garantizar que esto no es posible en ninguno de mis sortilegios, siempre que se realicen con un mínimo de cuidado y respetando las indicaciones básicas que se dan para cada uno de ellos.

Puedo decir entonces, con cierto orgullo, que este libro reúne los hechizos amorosos más sencillos, seguros y eficaces que puede ofrecer la magia moderna, Pero también debo advertir que eso no basta para alcanzar el resultado esperado. El mejor hechizo puede fallar si se ejecuta con torpeza, distracción, o falta de convencimiento. En mis obras anteriores se explican con mayor detalle estos requisitos, y remito a ellas a quien le interese profundizar en el tema (*Manual de la Bruja Moderna*, *Manual de la Bruja Moderna para atraer el dinero* y *La magia de la Bruja Moderna*). Aunque lo realmente importante, como todos sabemos, es la fe. Fe en la fuerza del hechizo y en la virtud de las vibraciones que expresan el poder del universo. Pero también fe en nosotros mismos, en nuestra capacidad para utilizar la magia luminosa con fines nobles, y sobre todo fe en nuestra dimensión afectiva, en que sabemos querer y hacernos querer con intensidad y generosidad. Si estamos convencidos de ello, la fundamental ayuda de la magia moderna será solo una puerta que nos abrirá el camino de la plenitud y la felicidad.

CONTENIDO TEMÁTICO

Resulta una paradoja, pero aunque el amor es único, existen varias clases de amor. O quizá deberíamos decir que el amor se expresa de diversas maneras. El cariño, el afecto, el deseo, son formas del amor que pueden diferenciarse, oponerse o complementarse, según los casos. Es posible que un gran apasionamiento no sea reflejo de un sentimiento profundo, que una relación romántica idealizada falle a la hora de expresarse físicamente, o que una excelente química corporal no lleve a la comprensión y el cariño mutuo. Desde luego, el amor ideal es aquel que puede expresarse en todas sus formas, pero no siempre tenemos esa suerte. Y tampoco hay por qué desestimar una relación limitada solo a lo espiritual o, por el contrario, la que se basa solamente en la atracción y el placer sexual. Entre esos extremos hay distintas variantes, que participan de varias formas de expresión amorosa y que no siempre se complementan bien.

Atendiendo a todo esto, hemos dividido la estructura de este libro según las dos formas básicas de manifestación del amor, que resumimos en amor romántico y amor pasión. Agregamos un apartado de amor familiar, porque muchos de nosotros podemos tener problemas que no están vinculados con ese tipo de amor sino con sentimientos y relaciones familiares, en los que la magia moderna puede ser de gran ayuda. Y lo mismo para el último capítulo, dedicado a las relaciones de amistad y compañerismo, que a menudo pueden ser tan intensas y complejas como las historias de amor.

Veamos entonces brevemente el contenido de cada uno de estos apartados.

HECHIZOS DE AMOR ROMÁNTICO

Acordemos en llamar amor romántico a aquel que, correspondido o no, expresa un sentimiento a la vez profundo y elevado, con una noble intención de entrega al otro y de exaltación de su persona. El amante romántico idealiza al ser amado y lo respeta y admira hasta llegar a la adoración. Aparte de engrandecer sus atractivos personales, hay también una atracción sublime, casi sobrenatural, que participa indudablemente del encantamiento mágico.

Este amor suele darse también sin un destinatario real, especialmente cuando somos muy jóvenes. Esperamos y buscamos un amor excelso, porque en cierta forma estamos enamorados del amor, y a eso se refieren los primeros hechizos de este apartado. Luego necesitamos antes que nada poder expresar nuestros sentimientos y que sean correspondidos, que haya sinceridad y exclusividad, sin enfados, engaños ni disgustos, que pueden evitarse con los sortilegios adecuados. Finalmente deseamos la comprensión, el entendimiento, el reconocimiento de los demás, y que nada se interponga en un amor que ha de ser más perfecto cada día.

Aunque hemos mencionado a los muy jóvenes, sabemos que el amor romántico puede surgir a cualquier edad, a veces después de varias relaciones frustradas. Este apartado va dirigido también a los románticos tardíos y a los que siempre buscan ese amor eterno y sublime que, modestamente, estos hechizos pueden ayudarle a encontrar por fin.

HECHIZOS DE AMOR Y PASIÓN

Si el amor romántico supone una generosa entrega, el amor pasión consiste en un ansia desesperada de posesión. El ser amado nos obnubila la mente y nos nubla los sentidos. Deseamos seducirlo, dominarlo, someterlo, pero también someternos a él y ser dominados. La exclusividad es una exigencia abrumadora y los celos, reales o imaginarios, pueden llegar a hacer estragos.

El placer de compartir un amor pasión va siempre acompañado del miedo terrible a perderlo, generalmente a causa del desvío o la traición del otro. Y aunque los psicólogos lo califiquen como una obsesión, se trata en realidad de un embrujo. No hay por qué no disfrutar de un sentimiento embrujador, sobre todo si la magia moderna puede ayudarnos a vivirlo con intensidad mientras dure.

Por eso los hechizos de este apartado tratan de encender la pasión, seducir desde la primera cita, gustar cada vez más, mantener vivo el fuego pasional, que el ser amado se entregue totalmente, pero que sepa comprender cuando nuestra llama se apague. En fin, una forma de amor con un punto *morbosillo*, pero que es una de las experiencias más intensas que puede ofrecernos la pasión, y que podemos controlar y disfrutar con la ayuda de la brujería.

LA SENSUALIDAD EN EL AMOR

Los dos tipos de amor que hemos descrito a menudo se combinan entre sí, y a veces uno lleva al otro. En ambos interviene un componente físico, sensual, que llena de embrujo los cuerpos de los amantes. Aunque dicen que las hay, no acabo de creer en relaciones exclusivamente carnales, tratándose de personas educadas y sensibles. Creo que aún en un encuentro ocasional debe existir cierta atracción personal, algo de idealización. Para entendernos, un poco de magia. El amor sensual, que trata del goce mutuo de los sentidos, es siempre algo más que química y mecánica. En este libro, siguiendo esa opinión de su autora, tratamos el amor sensual como parte importantísima e imprescindible de las otras expresiones o formas del amor, pero no como un fin en sí mismo.

Por eso se ofrecen hechizos para lograr el llamado *sex-appeal* o atracción sexual, alejando represiones y tabúes, así como para recibir y ofrecer la satisfacción y placer de los sentidos, con la imprescindible comprensión, ternura y consideración. También para mantener el deseo propio y el del otro, superar malentendidos y hacer que la relación sensual se armonice con el efecto y enriquezca la relación sentimental.

HECHIZOS DE AMOR FAMILIAR

Nuestro mundo afectivo no se reduce solo al amor y la pareja. En mi consulta recibo con frecuencia a personas que tienen una buena vida amorosa, pero que sufren profundamente por problemas afectivos de tipo familiar, generalmente por malentendidos, incomprensiones, falta de diálogo, o interpretaciones equivocadas de palabras o acciones. En muchos casos trabajamos la terapia regresiva y así vemos de donde viene el problema, que está oculto en nuestra psique, y entonces la magia moderna, puede ser de gran ayuda en este tipo de situaciones, con hechizos que permiten superar esas circunstancias y recuperar el amor que siempre yace latente cuando hay lazos de sangre. Con lo cual la brujería cumple una doble función, porque a menudo los problemas familiares acaban deteriorando u obstruyendo la propia relación amorosa.

En este apartado se han reunido una serie de hechizos y sortilegios dirigidos a mantener la armonía familiar, promover la comprensión entre padres e hijos y mejorar la relación entre hermanos, sin olvidar que el afecto entre abuelos y nietos es uno de los sentimientos más nobles y enriquecedores, del que no siempre sabemos disfrutar.

HECHIZOS DE AMISTAD Y COMPAÑERISMO

Es posible que este último apartado represente el nivel más *light* de nuestra vida afectiva, pero no por eso deja de tener su importancia. No solo en sí mismo, al completar la riqueza de nuestro mundo afectivo y de relaciones personales, sino también porque a menudo influye, para bien o para mal, en las otras dimensiones de la vida sentimental y amorosa.

Desde la amistad profunda e íntima que viene desde la infancia, hasta otras más recientes, o el compañerismo afectuoso surgido en el trabajo, el vecindario, el gimnasio, el club, etc., todas son relaciones que incrementan y equilibran nuestra vida afectiva y nos permiten enriquecer y diversificar nuestros sentimientos. Y en todas pueden surgir también problemas y malentendidos que nos afecten y necesiten un toque de magia para resolverlos.

En este apartado final los hechizos y sortilegios van dirigidos, entonces, a mejorar la relación con amigos y amigas, encontrar la comprensión y entendimiento mutuos, y alcanzar la reconciliación después de un disgusto o un distanciamiento.

CONJURO

Termino aquí estas páginas introductorias, en las que he intentado reflejar mi opinión personal sobre la importancia de la magia en el amor, y también la importancia del amor para la magia. Espero que a partir de la lectura de este libro ambos os acompañen siempre, porque representan dos dimensiones sublimes de la existencia que os permitirán trascender más allá de cualquier adversidad.

Y para cumplir ese sincero deseo conjuro a las fuerzas del universo con mi poder de bruja moderna, oficiante de la magia luminosa, amorosa, liberadora, de abundancia y ecológica...

¡ASÍ SEA Y ASÍ SERÁ!

El compromiso

....

Yo, (nombre del lector/a) _____

_____

me comprometo a cumplir sin excepción ni vacilación y a rajatabla estos decretos:

Jamás hacer uso de la energía para hacer daño a otro ser, ya sea humano, animal, vegetal o mineral.

Cuidar y no dañar bajo ningún concepto el medioambiente en su totalidad.

Pensar, antes de ejecutar algo, en las consecuencias que eso pueda acarrear. Y, si son negativas, desestimar la idea.

No trabajar con la voluntad de los demás sin su permiso.

No utilizar la magia para conseguir lo ajeno.

Nunca anteponer mis intereses a los de los demás.

Utilizar la energía y la magia para transmutar lo negativo siempre en positivo.

Amar por encima de todo cada acto que realizamos en un ritual, hechizo, etc., con amor incondicional hacia uno mismo y los demás.

Entender y aplicar
la magia como algo bello,
como una filosofía de vida que me
enseña a ser un poco mejor cada día.

Con esta filosofía que practico, cuidar mi
alimentación y mi aseo personal y los lugares en
los que habito y, sobre todo, en los que trabajo con las
energías (algo que es muy importante).

Rechazar cualquier mal hábito, como las drogas, el alcohol, el
tabaco, la ludopatía, etc., es decir, todo aquello que sea un hábito
negativo y dañino hacia mi persona o hacia los demás.

La magia que practico es luminosa, blanca y llena de buenas
intenciones. Sabia, pura y transparente.

Jamás trabajaré la magia opuesta a la blanca.

Así es y que así sea. AMÉN.

Firma:
(nombre del lector/a)

hechizos de amor romántico

El amor romántico exige un tratamiento mágico cuidadoso y preciso, por la propia delicadeza de ese sentimiento y su gran profundidad espiritual. Cualquiera que sea el hechizo que decidamos realizar y los elementos que utilicemos, debemos hacerlo con la mayor concentración posible y la mente dirigida a los planos más elevados del mundo astral.

Si el hechizo no indica la hora, día, o mes más favorables, tengamos en cuenta que las vibraciones del amor romántico suelen ser más sensibles los viernes a la hora del crepúsculo, en especial si hay luna llena y estamos en primavera o principios del verano. Debemos intentar que por lo menos se cumpla una de estas condiciones, para facilitar los efectos del sortilegio.

Para acompañar y reforzar los hechizos románticos se pueden utilizar los siguientes elementos:

Los números favorables al amor romántico son el 2, el 3 y el 12 (que pueden tenerse en cuenta como fecha de realización o la cantidad de imágenes simbólicas o complementos que se recomienda utilizar).

Las imágenes simbólicas son los corazones, las palomas, los ruiseñores, las rosas y otras flores y, desde luego, el dios Cupido.

Los complementos beneficiosos son las semillas de anís, clavo o limón; los huesos de albaricoque, las hojas de menta, albahaca, los pétalos de rosa, las fresas la canela y la miel.

Para abrirse al amor

La primera condición para entrar en el mundo mágico del amor romántico (o volver a él, si ya lo hemos visitado) es sentirte disponible, sensible a sus señales, abierta y generosa en tu disposición a entregar afecto a ese ser amado que sin duda ha de llegar. Es decir, debes enamorarte del amor. Y ese enamoramiento ha de percibirse en cada rasgo de tu ser.

Para alcanzar ese estado inicial de gracia amorosa, la brujería moderna te propone algunos hechizos claros y delicados, como tu propio ser disponible para el amor romántico.

I.
Un conjuro sencillo y ecológico

⭐ **ELEMENTOS NECESARIOS**: dos o tres tiestos pequeños, tierra abonada, semillas de albahaca.

⭐ **LUGAR Y MOMENTO**: al aire libre, en un jardín, terraza o balcón; en las primeras horas de la noche, preferiblemente con luna llena o en cuarto creciente.

⭐ **COMPLEMENTOS OPCIONALES**: pétalos de rosa de color rosado.

REALIZACIÓN

Llena cuidadosamente cada tiesto con la tierra abonada, y entierra con suavidad las semillas de albahaca. Mientras lo haces, recita varias veces el siguiente conjuro:

Semilla de albahaca, semilla de amor,
haz que yo germine al igual que tú
y crezca en mi seno la luz del amor.

Una vez que has sembrado todas las semillas, puedes esparcir sobre la tierra unos pétalos de rosa, y luego regar moderadamente. Debes repetir el riego cada día hasta que aparezcan los brotes, concentrándote mientras lo haces en algún sentimiento romántico o en alguna de las imágenes simbólicas. Cuida las plantitas de albahaca con mucha dedicación y cariño, en especial protegiéndolas del frío.

★ **RESULTADO**: a medida que la albahaca crece, sentirás también crecer dentro de ti una tierna disponibilidad hacia el amor romántico, que dará un dulce atractivo a tus palabras y actitudes.

★ **CONSEJO**: nunca utilices las hojas de tus plantas de albahaca como condimento culinario, porque están consagradas al amor.

2.
Hechizo romántico con velas

* **ELEMENTOS NECESARIOS**: una vela rosa, dos velas blancas más pequeñas, unas hojas de menta, papel blanco y un lápiz o rotulador rojo.

* **LUGAR Y MOMENTO**: frente a una ventana, preferiblemente de tu habitación, un viernes de primavera o verano durante la noche

* **COMPLEMENTOS OPCIONALES**: una imagen de Cupido.

REALIZACIÓN

Coloca las velas en el alféizar de la ventana o en cualquier mueble o superficie plana que esté frente a esta. La vela rosa debe estar en el centro, flanqueada por las dos velitas blancas, que refuerzan su poder. Dibuja tu corazón en el papel, y sitúalo delante de las velas. Esparce las hojas de menta sobre el papel; luego puedes colocar también la imagen de Cupido, si la tienes. Enciende las velas y concéntrate en ti misma, inspirando profundamente e intentando sentir cómo se iluminan tu corazón y tu espíritu. Apaga las velas blancas y deja que la vela rosa arda hasta consumirse.

* **RESULTADO**: a partir del día siguiente notarás que tu ánimo comienza a esclarecerse y a cambiar, sintiéndote más abierta al amor romántico. Es probable que

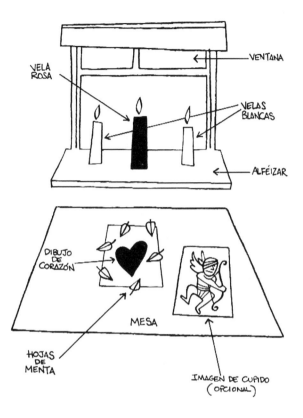

también tus ojos y tu rostro luzcan más tiernos y luminosos.

★ **CONSEJOS**: es conveniente realizar este hechizo con el pelo suelto, sin anillos ni adornos, y en lo posible descalza, llevando un camisón u otra ropa clara y suelta. Si crees que el hechizo no surte efecto, puedes repetirlo con mayor concentración cuando hayan pasado treinta días.

3.
Amuleto nocturno para translucir tu romanticismo

⭐ **ELEMENTOS NECESARIOS**: un bol de loza o de metal, semillas de anís, ramitas secas de hierba, pétalos secos de rosa u otra flor, agua de azahar o de lavanda, un papel con la imagen de una paloma, cordel rosado o verde claro.

⭐ **LUGAR Y MOMENTO**: en un sitio tranquilo y luminoso, durante las horas del día, para alejar cualquier sombra negativa.

⭐ **COMPLEMENTOS OPCIONALES**: un hueso de albaricoque o melocotón.

🕯 REALIZACIÓN

Coloca en el bol las ramitas y pétalos secos y las semillas de anís, agregando el hueso frutal si lo deseas. Enciende la ramitas con un fósforo de madera y mientras arden concéntrate en tus cualidades y virtudes. Luego apaga el fuego con un chorrito del agua aromática y deja que el bol se seque, preferentemente al sol. Coge el papel con la imagen de la paloma (si no has encontrado una ilustración, puedes dibujarla tú misma) y envuelve con él el contenido del bol, formando un saquito que cerrarás con el cordel. Coloca este amuleto debajo de la almohada durante la noche, pero retíralo por la mañana y guárdalo sin que quede a la vista.

★ **RESULTADO**: después de usar el amuleto nocturno durante doce días, tus sentimientos románticos y tu disposición al amor se translucirán en tus gestos y en tu mirada.

★ **CONSEJO**: lo mejor es combinar el uso de este amuleto con el conjuro o el hechizo que hemos dado antes, de forma que sus virtudes mágicas se hagan más evidentes y apreciables para los demás.

Para encontrar el primer amor

Este apartado se dirige a aquellas personas que, hayan tenido o no experiencias sentimentales, no han encontrado aún el verdadero amor romántico que ilumine sus vidas. Hemos dicho ya que este suele presentarse en la adolescencia o la primera juventud, pero la magia amorosa puede llevarnos a él a cualquier edad y en cualquier momento de la existencia. Personalmente, puedo dar fe de una mujer de cincuenta y seis años que, tras una viudez temprana y un divorcio, encontró su verdadero amor con la ayuda de uno de los sortilegios que se dan más adelante.

Para reforzar estos encantamientos, es muy recomendable realizar previamente alguno de los hechizos que aparecen en el apartado anterior, a fin de estar más preparada y disponible para ese maravilloso encuentro.

I.
Ritual de la rosa con flores y espejo

★ **ELEMENTOS NECESARIOS**: una rosa blanca, la más bonita que encuentres; un ramo grande de flores silvestres, un espejo de mano, un poco de incienso.

★ **LUGAR Y MOMENTO**: lo ideal es al aire libre, si es posible cerca del agua (río, lago, mar, etc.), poco después del amanecer. Cualquier día del año, menos en lunes o en fecha 13.

★ **COMPLEMENTOS OPCIONALES**: collar de perlas o de coral.

 REALIZACIÓN

Quema un poco de incienso y pasa el cristal del espejo sobre el humo, para borrar toda imagen anterior. Luego límpialo bien con un paño blanco nuevo. Forma un círculo en el suelo con las flores silvestres, lo bastante amplio para poder colocarte de pie dentro. Coge la rosa con la mano izquierda y el espejo con la derecha, apoyando el cristal contra tu pecho. Entra en el círculo floral, cierra los ojos y concéntrate en el momento en que encontrarás a tu ser amado. Después alza la rosa blanca por encima de tu cabeza, pon el espejo a la altura del rostro y abre los ojos. Visualiza entonces cómo te verá él o ella por primera vez.

★ **RESULTADO**: la intensidad romántica que has visto en tu rostro renacerá mágicamente al encontrarte con la persona indicada, que no podrá resistirse a tu atractivo.

★ **CONSEJOS**: el collar opcional es muy conveniente si el lugar del hechizo no está cerca del agua, porque tanto las perlas como los corales emiten vibraciones marinas. Después de retirar los elementos del ritual, pon la rosa en un vaso y consérvala tres noches junto a tu cama.

2.
Talismán trenzado de hilos embrujados

....

★ **ELEMENTOS NECESARIOS**: cordeles delgados de unos treinta centímetros, de color blanco (pureza), rosa (amor), verde (ilusión, abundancia) y azul (suerte, salud, orden), una vela roja, una cartulina negra y una tiza o rotulador blanco.

★ **LUGAR Y MOMENTO**: tanto el sortilegio previo como la confección del talismán debes realizarlos a solas en tu habitación, al atardecer y al amanecer respectivamente.

★ **COMPLEMENTOS OPCIONALES**: tres manojitos de trébol.

REALIZACIÓN

Dibuja en la cartulina negra un triángulo blanco, y perfora un agujero en el centro. Pasa todos los cordeles por el agujero, dejando aproximadamente la mitad a cada lado de la cartulina. Enciende la vela roja y coloca la cartulina frente a ella, con el triángulo hacia arriba. Si lo deseas, pon un manojo de trébol en cada vértice del triángulo. Luego concéntrate intensamente en la llama de la vela, y visualiza cómo su luz y su calor se transmiten a tu interior, a través del triángulo y los cordeles. Sal de la habitación y vuelve para apagar la vela exactamente dos horas después. Deja el sortilegio montado toda la noche.

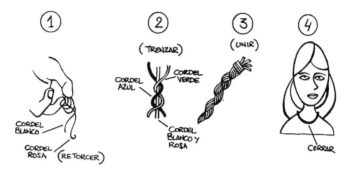

Al amanecer siguiente debes confeccionar el talismán, uniendo el cordel blanco y el rosa y trenzándolo con los otros dos como indica el dibujo. Luego debes llevarlo como pulsera o collar durante veintiún días.

★ **RESULTADO**: el talismán, cargado de poderosas vibraciones románticas, te indicará mágicamente que estás ante la persona amada, por medio de ondas cálidas y luminosas que invadirán tu corazón.

★ **CONSEJOS**: si piensas que alguien puede ser el elegido, procura poner el talismán a su vista, de forma que sus vibraciones contacten con las del posible candidato. Si después de veintiún días no obtienes resultados, vuelve a recargar el talismán, sin destrenzarlo, repitiendo el sortilegio.

3.
Conjuro lunar de oferta de amor

⭐ **ELEMENTOS NECESARIOS**: dos rosas blancas (amor puro), una cuerda rústica (humildad y entrega), varias margaritas con su tallo (alegre esperanza).

⭐ **LUGAR Y MOMENTO**: al aire libre o tras una ventana que permita ver la luna, que no debe estar en cuarto menguante. Es preferible que sea en primavera o verano.

⭐ **COMPLEMENTO OPCIONAL**: una llave de hierro antigua con mango de aro, que puedes conseguir en un mercadillo de viejo.

REALIZACIÓN

Haz una corona con las margaritas, o ponte algunas en el pelo. Ata el cordel a tu cintura (si tienes la llave, pásala antes por el cordel, para que cuelgue) y coge una rosa en cada mano. Entonces mira fijamente a la luna, intentando sentir que su luz romántica se transmite a las rosas e ilumina tu ser interior. Recita el siguiente conjuro:

Luz de luna, con estas flores
te ofrezco humilde mi corazón
para que enciendas en él amores.

★ **RESULTADO**: la tradicional y potente fuerza de la luna en asuntos de amor, te otorgará una luz romántica interior que pronto atraerá al amado que esperas.

★ **CONSEJO**: este hechizo es casi infalible si lo haces en noche de luna llena, has conseguido la llave (que abre tu corazón) y llevas el talismán de cordeles mágicos.

Para encontrar un nuevo amor

Después de un desengaño amoroso o de una experiencia sentimental frustrada, no resulta fácil pensar en un nuevo amor. Nos sentimos deprimidos, sin ánimo para asistir a reuniones o conocer gente nueva. Sin embargo, el ansia de amor sigue latiendo en nosotros y en el fondo deseamos intentarlo otra vez, porque, como dice el refrán «un clavo saca otro clavo» y la mejor solución a nuestros pesares será el encuentro de un nuevo amor.

Si no te sientes con fuerzas para probar una vez más, o temes volver a equivocarte, no dudes en recurrir a la ayuda de la magia moderna. Aquí te ofrezco dos buenos sortilegios para hallar ese amor que puede ser el definitivo, y te aconsejo combinarlos con alguno del apartado «Para abrirse al amor», para que la fuerza del embrujo sea mayor y más amplia.

I.
Ritual de limpieza del pasado

⭐ **ELEMENTOS NECESARIOS**: un cuenco de loza o de madera con un puñado de semillas de limón, una vela blanca fijada en un candil o en un plato pequeño, un collar de oro o de plata.

⭐ **LUGAR Y MOMENTO**: en tu habitación o en otra que no tenga plantas de interior, en la noche del viernes y la mañana del sábado.

⭐ **COMPLEMENTOS OPCIONALES**: agua de lavanda o de otra hierba aromática.

REALIZACIÓN

En la noche del viernes coloca el cuenco junto a los pies de tu cama, en el suelo, para que las semillas se impregnen de tus vibraciones nocturnas. Puedes facilitar la impregnación rociándolas con unas gotas de agua aromática.

A la mañana siguiente, después de tu aseo personal, ponte el collar y forma un círculo en el suelo con las semillas y coloca en el centro la vela blanca. Enciéndela y plántate frente a ella mirando en dirección al nordeste (según la magia china *Feng Shui*, esta orientación gobierna las cosas del corazón). Cierra los ojos, cruza las manos sobre el pecho, y visualiza escenas, rostros, o frases, de cada una de tus experiencias sentimentales anteriores. Expele cada visualización con una fuerte exhalación por la boca, concentrada en alejarla de tu ser.

★ **RESULTADO**: el fuego purificador de la vela blanca y las vibraciones expurgadoras del limón, apoyadas en la fuerza mágica del metal precioso, alejarán las ondas adversas que pueden impedir una nueva relación amorosa. Sentirás que tu mente y tu espíritu están limpios y abiertos a recibir un nuevo amor.

★ **CONSEJO**: para reforzar el sortilegio, haz un amuleto colocando las semillas en un saquito y llevándolo en contacto con tu piel durante tres días y tres noches.

2.
Conjuro solar con espigas de trigo

⭐ **ELEMENTOS NECESARIOS:** un haz de espigas de trigo (pueden obtenerse en un herbolario), una flor amarilla (rosa, margarita o clavel), un pañuelo o cordel de color rojo.

⭐ **LUGAR Y MOMENTO:** en una terraza, jardín, u otro sitio al aire libre en el que puedas estar sola y tranquila; un día soleado de fecha impar, alrededor de mediodía.

⭐ **COMPLEMENTOS OPCIONALES:** dos anillos de metal, sin piedras ni gemas.

REALIZACIÓN

Prende la flor junto a tu corazón con un alfiler o imperdible, y pásate la prenda de color rojo alrededor del cuello, dejando colgar los extremos sobre el pecho. Puedes atar en cada extremo los anillos metálicos. Luego coge el haz de trigo con ambas manos entrecruzadas y elévalo lentamente hacia el sol, hasta ubicarlo delante y encima de tu cabeza. Cierra los ojos, concéntrate en los rasgos y cualidades que debe tener tu nuevo amor, y repite tres veces el siguiente conjuro:

Astro Rey que nos das luz y vida,
acepta esta ofrenda de mi corazón
para que mi amor se presente enseguida,
llenando mi alma de dulce ilusión.

★ **RESULTADO**: si tu fe y tu concentración han sido intensas, es probable que en los siguientes doce días tengas el primer indicio de un nuevo amor. Si no es así, espera un mes y repite el conjuro en la misma fecha del anterior.

★ **CONSEJO**: coloca las espigas de trigo en un búcaro o jarrón, y déjalo en un sitio bien visible de tu casa, para que expanda sus vibraciones favorables. No te olvides de quitarlo cuando se haya cumplido el conjuro.

En uno de mis libros (*Manual de la Bruja Moderna para atraer el dinero*) tienes en la página 49, otro ritual de espigas para la abundancia y la buena suerte, que también podrás realizarlo para dar más fuerza a tu deseo.

Recuerda que en la abundancia y la suerte está todo, no solo el dinero sino también el amor, la salud, el dinero, trabajo, etc.

Para poder expresar bien tus sentimientos

Hay ocasiones en las que no conseguimos transmitir bien nuestros sentimientos, en especial cuando son muy intensos y profundos. Pareciera que cuanto más enamorada te sientes y más deslumbrada estás por alguien, más te cuesta manifestarlo y, como se suele decir, «te quedas muda», y a veces también paralizada. Porque los sentimientos no se expresan solo con palabras, sino también con miradas, sonrisas, pequeños gestos, que debemos procurar que sean bien interpretados.

También sucede que podemos quedarnos cortos, o por el contrario pasarnos en la manifestación de nuestros sentimientos (a mí me ha ocurrido alguna vez). Nuestro amor puede ser interpretado entonces como simple simpatía o, en el otro extremo, como la vulgar búsqueda de un ligue ocasional. Nuevamente la magia puede ser tu mejor aliada, liberando y afinando tu capacidad para transmitir apropiadamente lo que siente tu corazón.

1.
Gran hechizo nocturno para manifestar el amor

··

★ **ELEMENTOS NECESARIOS:** una mesa pequeña de madera, doce velitas de distintos colores (de las que se usan para tartas de cumpleaños), un cartón blanco resistente, un espejo de mesa o similar, un rotulador o marcador rojo, tres rosas rosadas, un objeto personal tuyo que aprecies mucho.

★ **LUGAR Y MOMENTO:** en un sitio que te permita ver la luna, directamente o a través de una ventana, en una noche de abril, mayo, agosto o septiembre, con luna llena.

★ **COMPLEMENTOS OPCIONALES:** un paño o mantel azul.

REALIZACIÓN

Si tienes el paño azul, cubre con él la mesa; si no, déjala descubierta. Coloca el espejo con el cristal dirigido hacia la luna. Dibuja un triángulo rojo en el cartón y clava alrededor las velitas, formando un círculo. Pon el cartón frente al espejo, con una rosa en cada vértice del triángulo y tu objeto personal en el centro. Sitúate frente a la mesa, de espaldas a la luna, y enciende una a una las velitas, pensando cada vez en un sentimiento que deseas manifestar (puedes repetir el mismo hasta tres veces, pero no seguidas). Luego coge el cartón por los lados, con ambas

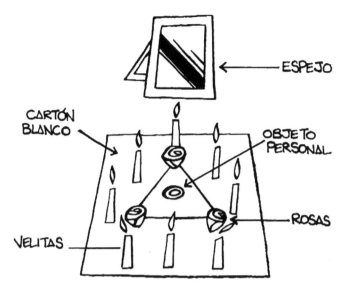

manos, y vuélvete hacia la luna. Levanta el cartón hasta la altura de tus ojos, ofrendándolo al astro de la noche. Inspira profundamente, concentrándote en ti misma, cierra los ojos y deja salir el aire lentamente por los labios entreabiertos.

★ **RESULTADO**: a partir del día siguiente notarás que poco a poco manifiestas tus sentimientos con más soltura y delicadeza, expresándote sinceramente y sin barreras, a través de las palabras y gestos adecuados.

★ **CONSEJO**: lleva contigo el objeto personal utilizado cuando vayas a estar con la persona que te interesa.

Para que la persona amada te corresponda

El no saber si un amor romántico será correspondido es uno de los temores más habituales de los enamorados. Ese temor nos lleva a veces a no decidirnos a manifestar nuestro amor (para lo cual puede serte útil el hechizo anterior) o a hacerlo de forma ambigua, para no afrontar el miedo al rechazo o a la indiferencia. También es cierto que, de alguna forma, todas y todos tenemos la intuición suficiente para saber si la persona que amamos va a correspondernos, pero no siempre estamos seguros al cien por cien.

Para eso está una vez más la magia moderna, que aunque no pueda infundir amor donde no lo hay, como en los cuentos de hadas, sí es muy eficaz para impulsar a los dubitativos o indecisos, y para avivar el fuego romántico de los demasiado tibios o recelosos.

I.
Conjuro de la vela roja

⭐ **ELEMENTOS NECESARIOS**: una vela roja, papel blanco y lápiz rojo, una foto tuya sobrante (del DNI, etc.), un tridente o tenedor pequeño, un cuenco de metal.

⭐ **LUGAR Y MOMENTO**: si es posible, en una estancia en la que ha estado él o ella; si no, a solas en tu habitación.

⭐ **COMPLEMENTO OPCIONAL**: alcohol etílico.

🕯 REALIZACIÓN

Escribe el nombre de tu amado en el papel de modo que ocupe casi toda la hoja. Luego envuelve tu foto con el papel, plegándolo varias veces, y atraviesa el envoltorio con el tridente. Enciende la vela roja y pon delante el cuenco metálico. Acerca el envoltorio a la llama (el alcohol etílico, aparte de su poder embriagador, puede ayudarte a que arda más rápido). Concéntrate un momento en la persona amada y luego apoya el tridente en el cuenco, para que acabe de quemar el envoltorio en su interior. Luego dirige toda tu atención a la llama de la vela, y recita dos veces el siguiente conjuro:

Vela roja, mágica llama,
alumbra el alma de mi adorado/a
para que diga cuánto me ama.

Luego apaga la vela sin soplar (con los dedos húmedos o con un paño). Coge el cuenco y esparce las cenizas al aire libre.

★ **RESULTADO**: es probable que dentro de los tres días siguientes, muy posiblemente el segundo, la persona que te interesa se sienta inclinada a declararte su amor. Pero tú debes ayudar al conjuro con una actitud tierna y receptiva.

★ **CONSEJO**: como la fuerza de este conjuro se desvanece en menos de una semana, debes realizarlo cuando sepas que en esos días verás a tu amado a menudo.

2.
Elixir aromático cautivador

* **ELEMENTOS NECESARIOS**: hierbas de anís, menta, romero y salvia; un mortero, alcohol de 96º, un frasco de boca ancha y otro más pequeño.

* **LUGAR Y MOMENTO**: es conveniente preparar el elixir en una noche de primavera, entre jueves y sábado, y luego guardarlo en el frasco pequeño para el momento oportuno.

* **COMPLEMENTO OPCIONAL**: dos fresas silvestres.

REALIZACIÓN

Pon las hierbas en el mortero, agregando las fresas si las tienes, y tritura bien todo usando un mazo de madera (evita usar un cuchillo u otro utensilio metálico). Mientras lo haces concéntrate en tus cualidades más atractivas y en tu capacidad de amar. Mete el triturado en el frasco y añádele bastante alcohol. Déjalo doce días donde le dé el sol, guardándolo por la noche, y luego doce noches a la luz de la luna, guardándolo durante el día. Después filtra el contenido y recoge el elixir resultante en el frasco pequeño.

* **RESULTADO**: ponte el elixir como perfume cada vez que vayas a estar con la persona que te interesa, y verás

cómo el aroma realza tu atractivo y le hace confesar su amor.

★ **CONSEJO**: conviene diluir el elixir con un poco de agua de rosas, lo que reforzará su poder.

Para que nada se interponga en vuestro amor

Cuando estamos enamorados siempre tememos a un rival, aunque solo sea en nuestra imaginación. Quién no llega a ser celoso, es por lo menos receloso, y desconfía ante la aparición de alguna tercera persona que pueda interponerse en su relación romántica. Pero hay también otros asuntos que pueden interferir en el amor, como los problemas económicos, de trabajo, familiares y otros que pueden afectarte a ti, al otro, o a los dos.

El hechizo que voy a proponerte no evita todos esos problemas, porque no existe un sortilegio tan omnipotente. Pero sí es muy eficaz para impedir que se interpongan en vuestro amor, y también para mantener a raya a los posibles rivales.

1.
Hechizo protector de las tres velas azules

★ **ELEMENTOS NECESARIOS**: tres velas azules, cada una en su candelero o en un platillo, un pañuelo blanco, una rosa roja con su tallo, doce semillas de limón, un objeto personal tuyo y otro de tu pareja.

★ **LUGAR Y MOMENTO**: en tu habitación, o la que compartís si vivís juntos; en el atardecer de cualquier día que no sea invierno ni lunes.

★ **COMPLEMENTO OPCIONAL**: una foto de ambos.

REALIZACIÓN

Coge los dos objetos personales y envuélvelos con el pañuelo, cerrándolo con un nudo alrededor del tallo de la rosa. Si tienes la foto, colócala debajo del envoltorio. Luego distribuye a su alrededor las semillas de limón, formando un círculo protector.

Sitúa delante y en línea horizontal las tres velas azules, como centinelas de vuestro amor. Enciéndelas entonces una a una: primero la de la derecha, concentrándote en ti misma; luego la de la izquierda, concentrándote en la persona que amas. Haz una pausa y luego enciende la vela del centro, deseando con todas tus fuerzas que nada se interponga en vuestro amor. Haz una inspiración profunda y murmura con fe y convicción: «que así sea y así será...». Deja arder las tres velas hasta que se consuman, sin desarmar el hechizo.

★ **RESULTADO**: es un hechizo muy poderoso para proteger vuestro amor de interferencias, y conviene repetirlo dos veces al año, al inicio de la primavera y del otoño.

★ **CONSEJO**: si consigues coger, usar y devolver el objeto personal de tu amor sin que lo advierta, el hechizo os protegerá con más fuerza contra terceras personas.

Para que quien amas olvide un amor anterior

Cuando nuestro enamorado o enamorada ha tenido una relación importante antes de conocernos, la sombra de ese amor anterior puede enturbiar nuestra felicidad. Cada vez que la nombra, o lo vemos ensimismado, tememos que esté recordando los momentos que vivió con ella o, lo que es peor, pensando en volver a verla.

Lo mejor es que la aleje de su mente y pueda disfrutar sin remordimientos de la dicha que tú puedes ofrecerle. Para eso nada mejor que el poderoso exorcismo ritual que te propongo a continuación.

Recuerda que ninguno de los hechizos, conjuros, rituales... que propongo en mis libros está diseñado para hacer daño a otras personas. Eso no sería magia blanca.

I.
Exorcismo ritual de los cuatro elementos

★ **ELEMENTOS NECESARIOS**: ramitas secas de castaño o de ciruelo, un poco de tierra natural (no comprada), un cuenco de metal y otro de cerámica con agua de lluvia, una hoja de papel.

★ **LUGAR Y MOMENTO**: es conveniente realizar este ritual al aire libre, o si no, en una habitación ventilada. La preparación debe hacerse durante la noche, mejor con luna llena o creciente, y realizar el ritual a la mañana siguiente.

★ **COMPLEMENTO OPCIONAL**: hojas secas de hierbas amargas.

REALIZACIÓN

Por la noche coge el papel, escribe en él tu nombre, y pliégalo en forma de abanico o pantalla. Pon la tierra en el fondo del cuenco de metal, y encima las ramitas secas. Deja todo, junto al cuenco de agua de lluvia, en un lugar abierto o en un interior donde le dé la luz de la luna. A la mañana siguiente, descalza y sin ningún tipo de joyas, enciende las ramitas con un fósforo de madera (puedes agregar las hierbas secas, para que prendan mejor). Concéntrate en la persona que quieres apartar de la mente de tu ser amado, pero sin mandarle ninguna energía negativa, pide al universo que esa persona encuentre también su camino lleno de amor, luego, aleja el humo abanicándolo

con el papel desplegado. Y después concéntrate nuevamente, y apaga el fuego con el agua de lluvia. Deja secar
las cenizas y entiérralas en un sitio natural (jardín, parque,
parcela, etc.).

★ **RESULTADOS**: el exorcismo combinado de los cuatro
elementos naturales y la presencia de tu nombre en el
abanico, harán que en poco tiempo tu amado aleje de
su mente esa relación anterior.

★ **CONSEJO**: una opción interesante es enterrar las cenizas del ritual en el tiesto de una planta que regalarás a
tu amor. Así el poder del exorcismo estará más próximo a él, y por más tiempo. Aunque la palabra exorcismo significa alejar los demonios, no nos estamos
refiriendo a esa tercera persona como un ser endemo-
niado, ni mucho menos. Los demonios son nuestros
propios pensamientos cuando estos son negativos

Para manifestar con sinceridad tu amor

De algún modo este tema se parece al del apartado «Para poder expresar bien tus sentimientos», al que también puedes recurrir en este caso. La diferencia está en que mientras aquel se refería a sentimientos aún no expresados, este aporta continuidad a la expresión sincera de tu amor a lo largo de la relación. Es decir, te ayudará a que tus palabras, tus gestos, tus actitudes, reflejen siempre con honestidad y ternura lo que sientes por el ser amado.

El hechizo que he escogido es sencillo y eficaz, pues se basa en transmitir a tu ser la frescura y la espontaneidad de las flores del campo. Tiene además la ventaja de que luego puedes llevar un amuleto que mantenga su influencia durante mucho tiempo.

En el libro *Manual de la Bruja Moderna para atraer el dinero* desde la página 93 hasta la 102, tienes amuletos para la buena suerte y la abundancia, que también te serán de mucha ayuda.

I.
Hechizo y amuleto de flores silvestres

⭐ **ELEMENTOS NECESARIOS:** un ramillete de flores silvestres (mejor si las has recogido tú), una vela blanca y otra roja, una cesta pequeña de mimbre, una piedra de cuarzo rosa, un saquito (*sachet*) de piel. (En mi libro *Manual de la Bruja Moderna para atraer el dinero* te explico en detalle cómo elaborar *sachets*).

⭐ **LUGAR Y MOMENTO:** en una habitación que no sea dormitorio, en domingo, miércoles o viernes, a mediodía.

⭐ **COMPLEMENTO OPCIONAL:** semillas de anís.

🕯 REALIZACIÓN

Pon las flores en la cesta de mimbre, formando una especie de nido. Esparce encima unas semillas de anís, si las tienes. Coloca la vela roja a la derecha y la blanca a la izquierda, sin encenderlas. Coge la piedra de cuarzo entre ambas manos unidas y llévala a tu pecho, concentrándote en lo profundo y sincero que es tu amor. Luego lleva el cuarzo a tu frente, y visualiza las cualidades y virtudes de tu amado o amada. Después pon las manos con el cuarzo sobre tus labios, y desea fervientemente que todas tus palabras y acciones expresen con profunda sinceridad tu amor. Coloca la piedra en el nido de flores silvestres y enciende las velas. Cierra los ojos y visualiza los momentos de felicidad que te da tu amor. Deja arder las velas durante dos horas.

Pon la piedra de cuarzo rosa en el saquito de piel y lleva este amuleto siempre contigo; por la noche ponlo debajo de la almohada.

★ **RESULTADO**: las velas roja y blanca impregnan de pasión y pureza la naturalidad de las flores, ayudándote a manifestar tu amor con sinceridad y ternura. El amuleto, cargado de esas virtudes, mantendrá en tu ser la influencia de este hechizo.

★ **CONSEJO**: repite el hechizo cada tres meses, utilizando la misma piedra de cuarzo rosa.

Para que te ame más cada día

Este es el deseo de cualquiera que esté enamorado. No solo deseamos que nuestro amor sea correspondido, sino también que los sentimientos de la persona amada crezcan a medida que pasa el tiempo. Para eso es importante que a su vez tu amor aumente cada día y puedas demostrárselo, según hemos visto en apartados anteriores. Porque, como dice un viejo refrán: «amor con amor se paga».

Además de dar para recibir, puedes influir en sus sentimientos utilizando la magia, que siempre es de gran ayuda en los asuntos de amor. Te ofrezco un par de sortilegios que seguramente harán que cada día él o ella se enamore un poco más de ti.

I.
Hechizo personal de amor creciente

★ **ELEMENTOS NECESARIOS**: un papel de color suave (rosa, azul celeste, verde, etc.), un lápiz rojo de madera, una vela rosa, dos velas más pequeñas, blanca y azul, una fotografía y un objeto personal de tu amado, tres rosas blancas.

★ **LUGAR Y MOMENTO**: en una habitación de una sola puerta y con una ventana a la luz de la luna en fase creciente, una hora antes o después de medianoche de un viernes de fecha impar.

★ **COMPLEMENTO OPCIONAL**: perfume aromático tipo pachulí.

 REALIZACIÓN

En el papel, escribe el nombre de tu pareja y una lista de las muestras de amor que más te agradan (palabras, gestos, caricias, obsequios, etc.), y fírmala. Coloca la foto y el objeto de tu amado o amada en el centro del papel, y haz un triángulo con las velas alrededor: la rosa en el vértice superior, la blanca a la izquierda y la azul a la derecha. Coloca una rosa blanca en cada lado del triángulo. Si tienes el pachulí, perfuma un poco el aire sobre el hechizo. Enciende la vela blanca y piensa en tus cualidades que él más ama, enciende la vela azul y piensa en sus muestras de afecto, enciende la vela rosa y concéntrate intensamente

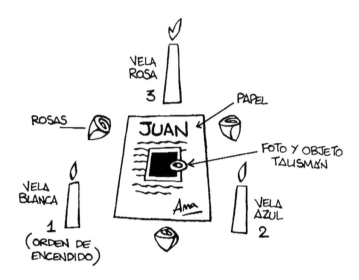

en pedir a las fuerzas del universo que él o ella te ame cada día más. Mantén doce minutos las velas encendidas, y luego apaga una cada tres minutos, en el orden en que las has encendido, manteniendo la concentración.

★ **RESULTADO**: los colores de las velas influirán en su amor (rosa), su honestidad y pureza (blanca) y su permanencia, orden y equilibrio (azul), a través de los otros elementos del hechizo. Repítelo cada seis meses, para reforzar sus efectos.

★ **CONSEJO**: lleva la foto junto a tu corazón durante los siete días siguientes.

2.
Talismán embrujado para acrecentar el amor

★ **ELEMENTOS NECESARIOS**: debes conseguir durante un par de horas un objeto metálico que él o ella lleve habitualmente (anillo, reloj, mechero, etc.) y disponer de un pebetero para quemar incienso y de una vela roja.

★ **LUGAR Y MOMENTO**: al aire libre o en una habitación desde la que puedas ver el cielo, en las horas del amanecer o del crepúsculo en que brilla el planeta Venus.

★ **COMPLEMENTOS OPCIONALES**: hojas secas de menta o de anís.

REALIZACIÓN

Coloca la vela roja en la dirección en que brilla el lucero. Pon frente a ella el incienso y delante el objeto de tu amado. Enciende la vela y concéntrate en visualizar cómo las vibraciones de Venus llegan a la llama de la vela. Enciende entonces también el incienso, agregando antes las hojas secas si las tienes, y pasa tres veces el objeto sobre el humo, rogando intensamente a Venus que tu ser amado te ame cada vez más y para siempre.

★ **RESULTADO**: el objeto ha quedado embrujado como talismán, cargado con los efluvios románticos del planeta del amor. Cada vez que lo use, se renovarán y acrecentarán la devoción y el cariño que siente por ti.

★ **CONSEJO**: si consigues tomar el objeto y devolverlo sin que lo advierta, su ser será más sensible a las vibraciones del talismán.

Para retenerlo a tu lado

Hay momentos en que nuestra intuición nos advierte de que nuestro amor puede alejarse de nosotros. A veces esa amenaza se hace presente, después de una discusión o porque la relación ha caído en una cierta rutina. En esos casos solemos renovar nuestras muestras de afecto, aunque el exceso de atenciones puede ser también contraproducente.

Tú sin duda sabrás qué actitud debes tomar, ya que conoces a tu persona amada mejor que nadie. Pero no estará de más que refuerces tu estrategia con algunos recursos mágicos, como estos que te propongo:

1.
Sortilegio del cordón negro

- **ELEMENTOS NECESARIOS**: un pequeño objeto personal que comprarás para obsequiar a tu ser amado (pluma, encendedor, llavero, etc.), un cordón negro de unos sesenta centímetros de largo, siete velas de tu color favorito, una hoja de papel fino y un lápiz rojo de madera.
- **LUGAR Y MOMENTO**: una habitación tranquila y cerrada, en las primeras horas de la noche de un sábado.
- **COMPLEMENTO OPCIONAL**: cinco granos de café, solo si piensas que hay una tercera persona.

REALIZACIÓN

Escribe tu nombre en el papel con el lápiz rojo, ocupando casi toda la hoja, y coloca en el centro el obsequio que has comprado. Luego pasa lentamente tus manos por encima del objeto, sin tocarlo, concentrándote profundamente en el deseo de conservar tu amor. Después envuelve el objeto con el papel, agregando los granos de café si es el caso. Rodea el envoltorio con el cordón, formando un círculo, y forma otro círculo externo con las siete velas. Enciéndelas una a una, en el sentido contrario a las agujas del reloj, pensando cada vez en una cualidad de tu persona amada que te hace desear retenerla. Concéntrate en la fuerza del universo, mientras dejas arder las velas siete minutos. Luego apágalas y deja el sortilegio montado toda la noche; al día siguiente entrega a tu amado o amada el regalo embrujado. (Mirar dibujo)

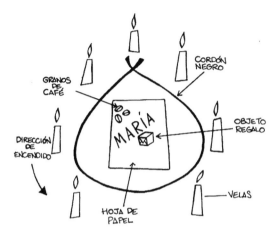

★ **RESULTADO**: el cordón negro cerrado transmite al objeto de regalo las vibraciones conjuntas de las siete velas, para impedir que tu amado se marche. Tu nombre en el papel y tus propias vibraciones le harán comprender que no puede alejarse, porque te ama.

★ **CONSEJO**: si crees que su alejamiento puede deberse a una atracción por otra persona, pon el cordón negro y los granos de café debajo de tu almohada durante tres noches.

Pero recuerda que no puedes manipular la voluntad de los demás. Así que has de ser honesta y pedir al universo que si no es para ti, lo aceptas.

2.
Conjuro ritual del astro rey

* **ELEMENTOS NECESARIOS**: una pulsera metálica, mejor si es de oro y del tipo esclava; tres margaritas blancas con su tallo.
* **LUGAR Y MOMENTO**: al aire libre, en un jardín, terraza, prado, etc., entre el amanecer y el mediodía de un martes o viernes de fecha impar.
* **COMPLEMENTO OPCIONAL**: un anillo de oro, imprescindible si la pulsera no es de ese metal.

REALIZACIÓN

Debes realizar este conjuro vestida con ropa suelta y sin ningún adorno en el pelo o el cuerpo, excepto el anillo de oro opcional, para reforzar tu magnetismo personal. También es conveniente que vayas descalza. Ponte las margaritas en el pelo, enganchándolas con una horquilla si es necesario, y concéntrate para iniciar el hechizo, de pie frente al sol. Cuando te sientas dispuesta, coge la pulsera con ambas manos y elévala lentamente hasta que su perímetro coincida con el sol. Cierra inmediatamente los ojos para concentrarte mejor, y recita con la más profunda convicción las siguientes palabras:

Astro Rey poderoso y dorado
dame algo de tu luz y calor

para así retener a mi lado
al que es dueño/a de todo mi amor.

Pon la mano izquierda sobre tu corazón, sin dejar de sostener la pulsera con la derecha, y exclama con todas tus fuerzas:

¡Que así sea y así será!

★ **RESULTADO**: como expresa el conjuro, las vibraciones del sol, atraídas por la pulsera, harán tu ser más luminoso y cálido para retener a tu amor.

★ **CONSEJO**: la próxima vez que veas a tu amado o amada, procura que él o ella toque la pulsera o la tome entre sus manos, para reforzar el efecto del conjuro.

Para hacer que vuelva a tu lado

Cuando nuestra persona amada nos abandona, sentimos como si el mundo se nos cayera encima. La desesperación y el doloroso aturdimiento nos paralizan, o nos hacen profundizar aún más la brecha que nos ha separado. Si es difícil resignarse a perder un amor que todavía arde en nuestro corazón, más difícil aún resulta actuar de forma serena y convincente para recuperarlo y hacerlo volver a nuestro lado.

Pareciera que solo un milagro podría hacerle reaparecer de pronto, y para eso está la magia moderna: para realizar sortilegios milagrosos como los que te ofrezco en este apartado. Pero para que su embrujo funcione son necesarias dos cosas: la primera, que estés segura de que deseas recuperarlo por amor, y no solo por despecho. La segunda, que creas que él o ella aún guarda rescoldos de su amor, que el encantamiento mágico puede volver a encender.

I.
Hechizo de atracción enamorada

....

- ⭐ **ELEMENTOS NECESARIOS**: una gema de amatista o agua-marina (puede estar engarzada en un anillo u otra joya), tres rosas rojas, tres velas negras, un paño azul, un papel blanco y lápices o rotuladores de color negro y rojo, fósforos de madera.

- ⭐ **LUGAR Y MOMENTO**: en una habitación silenciosa y cerrada, que pueda oscurecerse completamente, en la medianoche de un sábado de fecha 3, 5, 7, 9, 11 o 13.

- ⭐ **COMPLEMENTOS OPCIONALES**: unas hojas de trébol y/o ramitas de canela.

⚲ REALIZACIÓN

Cubre la superficie donde vas a realizar el hechizo con el paño azul, que simboliza el universo. En la hoja de papel traza un triángulo rojo, con el vértice hacia arriba, y encima otro triángulo, negro y con el vértice hacia abajo, formando la figura cabalística de la Estrella de David (ver dibujo). Pon la gema en el centro de la estrella (recuerda que las gemas tienen que estar limpias y energizadas. En mi canal de YouTube, «montsebrujamoderna», tienes un video sobre cómo limpiar y energizar gemas, cristales y minerales) y esparce alrededor las hierbas, si has decidido usarlas, para avivar sus vibraciones. Luego pon una rosa roja en cada vértice del triángulo negro, y una vela negra

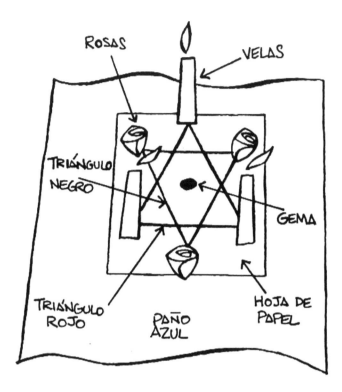

en cada vértice del triángulo rojo. Oscurece totalmente la habitación y enciende un fósforo para encender una a una las velas, mientras expresas mentalmente tres razones para hacerle volver. Deja las velas encendidas durante tres minutos, concentrándote profundamente en tu deseo de que tu amor regrese a ti gracias a la fuerza del universo y si este cree que es bueno para ti.

★ **RESULTADO**: el poder magnético del rojo y el negro en la estrella de David atraerán nuevamente su atención hacia ti, las rosas rojas le harán ver la cálida pasión que le ofrecerás si regresa, y las velas negras lo envolverán en tu embrujo.

★ **CONSEJO**: si en veintiún días no adviertes un resultado favorable, vuelve a repetir el hechizo cambiando la gema central que genera sus fuerzas, pero recuerda que debes limpiarla para que la energía no tenga obstáculos, ayúdate con el video.

2.
Talismán de encantamiento magnético

⭐ **ELEMENTOS NECESARIOS**: un pieza de hierro pequeña (puede ser un tornillo, tuerca, arandela, etc.), un
cuenco de metal, ramitas y hojas secas de olivo, romero y eucalipto, una foto de tu ser amado, alcohol de
quemar, fósforos de madera, un saquito de tela natural, mejor si lo has cosido tú misma (en mi libro *Manual de la Bruja Moderna para atraer el dinero* te explico en
detalle cómo elaborar *sachets*).

⭐ **LUGAR Y MOMENTO**: un sitio donde puedas hacer un
fuego pequeño y un poco de humo, durante una noche de luna llena. (En el libro *La magia de la Bruja Moderna* tienes la magia de las fases de lunares, como trabajar con ellas y beneficiarte de sus efluvios).

⭐ **COMPLEMENTOS OPCIONALES**: no los hay en este caso.

◊ REALIZACIÓN

Acomoda las ramas y hojas dentro del cuenco, dejando un
hueco en el centro. Coloca allí la foto y encima de ella el
objeto de hierro. Agrega un chorro de alcohol de quemar
y enciende todo con el fósforo. Mientras el fuego arde,
concéntrate en convocar la fuerza de la luna (aunque no
la veas) para hacer regresar a tu amor, y visualiza las vibraciones que se reúnen en el objeto de hierro, cargándolo

como un imán. Luego coloca el talismán en el saquito, y llévalo siempre contigo.

★ **RESULTADO**: el talismán está cargado con la imagen de tu persona amada y su atracción magnética enviará vibraciones que la atraerán hacia ti. El resultado puede tardar un tiempo, hasta que las ondas proyectadas tengan suficiente fuerza.

★ **CONSEJO**: no te quites el talismán para dormir ni tampoco cuando te bañes, porque su efecto se debilita cada vez que lo apartas de ti.

Para que no te olvide cuando esté lejos

Las separaciones, aunque sean breves, siempre crean inquietudes y recelos. Nunca nos sentimos del todo tranquilos cuando nuestra pareja está lejos, y con frecuencia tememos que, al encontrarse solo o sola y en un ambiente distinto, pueda caer en la tentación de una aventura o incluso de una relación más seria con otra persona. En resumen, tememos que la distancia lo lleve a olvidar nuestro amor. Ya sea ella o él.

Por fortuna la magia nos ofrece algunos sortilegios para reforzar nuestra presencia en su corazón, como este sencillo y eficaz amuleto que te recomiendo a continuación.

En el libro *Manual de la Bruja Moderna para atraer el dinero* desde la página 93 hasta la 102 tienes también amuletos y sus dibujos, para la abundancia. Te recuerdo que la abundancia lo contiene todo. Allí hay una lista y podrás elegir los más afines a tus conjuros y hechizos.

I.
Amuleto doble para seguir unidos en la distancia

⭐ **ELEMENTOS NECESARIOS**: dos pequeñas piedras iguales de cuarzo o lapislázuli, una vela roja y una vela blanca, una foto de ambos de tamaño postal, un lápiz de color verde, fósforos de madera.

⭐ **LUGAR Y MOMENTO**: entre doce y veinticuatro horas antes de la partida de la persona amada, en tu habitación o la que compartes con él o ella.

⭐ **COMPLEMENTO OPCIONAL**: tu alianza, u otra joya que él o ella te haya regalado.

REALIZACIÓN

Pon la vela blanca a la izquierda y la roja a la derecha. Coloca entre ellas la fotografía, y encima la alianza o joya, si la tienes. Pon una piedra (limpia) frente a cada vela, y enciéndelas con el mismo fósforo de madera. Concéntrate intensamente en tu felicidad amorosa, e imagina cómo esta se intensificará a su regreso. Luego retira la joya, en su caso, y gira la fotografía bocabajo. Coloca sobre el dorso las dos piedras, cuidando de no confundirlas, y traza un círculo bien cerrado a su alrededor con el lápiz verde. Concéntrate durante unos minutos en tu deseo de que él o ella te lleve siempre en su corazón, y luego apaga las velas.

Al despedir a tu amor, entrégale la piedra de la vela blanca, diciéndole que le traerá suerte en su viaje si la lleva siempre consigo. Guarda la otra piedra y no te separes de ella mientras dure su ausencia.

★ **RESULTADO**: ambas piedras están cargadas magnéticamente con la magia de los colores, encendida por la llama de las velas: el blanco le dará a él o ella inocencia y pureza; el rojo emitirá la intensidad y la pasión de tu amor; y el círculo verde es un símbolo de buena esperanza y de conservación.

★ **CONSEJO**: pon mucha atención en no confundir las piedras, pues si lo haces el efecto podría ser contraproducente o no cumplirse tu deseo.

Para que no te engañe con otra persona

Ya no se trata aquí de un recelo o una sospecha, sino del caso concreto en el que alguien está intentando seducir a tu amado o amada y alejarlo de tu lado. Si él o ella no le hace ningún caso, no debes preocuparte. Pero si sabes o crees que puede ser sensible a esos intentos de seducirlo, o que hasta cierto punto disfruta de la situación, no dudes en recurrir a la ayuda de la brujería moderna.

Te propongo a continuación tres poderosos recursos mágicos para que utilices el que te parezca más afín a tu persona. Pero si piensas que el riesgo de perder a tu amor es realmente serio, puedes usar dos de ellos, o incluso los tres sucesivamente.

I.
Gran conjuro nocturno contra el engaño y el mal

★ **ELEMENTOS NECESARIOS**: seis velas rojas y una vela negra, una cartulina blanca, una hoja de papel negro o azul oscuro, un rotulador negro y otro blanco, un cuenco resistente al fuego, un diente de ajo picado, alcohol de quemar.

★ **LUGAR Y MOMENTO**: un sitio solitario al aire libre, en noche de luna llena.

★ **COMPLEMENTOS OPCIONALES**: no los hay en este caso.

REALIZACIÓN

Dibuja en la cartulina la estrella hexagonal de David, utilizando el rotulador negro (ver dibujo). Luego escribe el nombre de tu rival en el papel oscuro, con el rotulador blanco. Coloca la cartulina en el suelo, y siéntate enfrente en posición de loto. Pon las seis velas rojas en cada punta de la estrella y la vela negra en el centro, situando ante esta el cuenco con el alcohol. Enciende solo la vela negra y luego retuerce el papel con el nombre de tu rival en forma de antorcha, concentrándote en tu deseo de alejarla o alejarlo para siempre. (En ningún momento será dañada la otra persona, solo si el universo está de acuerdo y es favorable para ti, la alejará, en beneficio y amor para todos) Pon fuego a la antorcha en la llama de la vela negra y

enciende con ella las velas rojas (de derecha a izquierda, comenzando por la del vértice superior). Luego echa la antorcha en el cuenco, para que arda el alcohol, y arroja al fuego la picadura de ajo. Ponte de pie, con las piernas juntas, y eleva los brazos hacia la luna llena al tiempo que recitas tres veces el siguiente conjuro:

Fuerzas de la noche,
magia de la luna,
haced que nuestro amor no lo rompa ninguna/o.

Espera en profunda concentración a que se consuma el fuego del cuenco, y entonces apaga las velas: primero las rojas, de izquierda a derecha comenzando por la del vértice inferior, y finalmente la negra.

★ **RESULTADO**: a la magia moderna no le está permitido causar ningún daño, pero sí alejar o desanimar a quien busca destruir un amor intenso y profundo. Eso es lo que le ocurrirá a tu rival si realizas este gran conjuro con sinceridad y convicción, si sus intenciones no son honestas, hará que se aleje de tu ser amado.

★ **CONSEJO**: ensaya antes el conjuro, imaginando los elementos y repasando varias veces cada paso. Un error en la realización puede debilitar seriamente sus efectos.

2.
Ritual cuerpo-mente de protección y poderío amoroso

★ **ELEMENTOS NECESARIOS**: un vestido o camisón blanco, que te cubra hasta los pies; todas las joyas y adornos metálicos que puedas ponerte; una alfombrilla o estera roja, de tamaño suficiente para acostarte en ella.

★ **LUGAR Y MOMENTO**: en una habitación que puedas oscurecer completamente, en un momento de soledad y tranquilidad.

★ **COMPLEMENTO OPCIONAL**: algún objeto metálico que pertenezca a la persona amada.

REALIZACIÓN

Pon la habitación a oscuras y acuéstate sobre la estera, con los miembros estirados; si tienes el objeto de tu amado, colócalo a tus pies para recibir sus vibraciones. Practica un poco de respiración abdominal profunda y después concéntrate en los implementos metálicos que llevas sobre tu cuerpo, visualizando cómo intercambias tu magnetismo con el de estos. Luego rememora escenas agradables de tu relación amorosa, procurando fijarlas en tu mente. A continuación ponte de rodillas, con las nalgas sobre los talones, y mueve los brazos y el cuerpo para que los adornos metálicos liberen su energía, mientras deseas intensamente que tu rival desaparezca de vuestras vidas. Haz una pausa de relajación e incorpórate lentamente, con los pies juntos. Eleva los brazos, hasta unir las palmas sobre la cabeza, y concéntrate con la mayor profundidad que te sea posible. Combina la visualización de tu felicidad con el deseo de alejar a tu rival, y tómate todo el tiempo necesario hasta que sientas en tu mente y en tu corazón que vas a conseguirlo.

★ **RESULTADO**: las vibraciones de tu cuerpo y de tu mente, canalizadas y reforzadas por el magnetismo mineral de los metales, crean un escudo astral que protegerá tus sentimientos y alejará a la intrusa/o.

★ **CONSEJO**: si repites este ritual tres veces, con un intervalo de siete días entre una y otra, puedes conseguir que su poder sea casi irresistible.

3.
Talismán sentimental de la llave de hierro

* ⭐ **ELEMENTOS NECESARIOS**: una llave antigua de hierro, no muy grande; una rosa de color rosado; un cuenco o plato ancho y algo profundo (como los de sopa); medio litro de agua de azahar. Si no encuentras el agua de azahar podrás sustituirla por agua de lluvia.
* ⭐ **LUGAR Y MOMENTO**: al aire libre, en la primera hora del amanecer, un día de fecha impar.
* ⭐ **COMPLEMENTO OPCIONAL**: una foto de tu amado o amada, solo o en tu compañía, que no te importe deslucir un poco.

⌇ REALIZACIÓN

Vierte el agua de azahar o de lluvia en el cuenco, besa la llave concentrándote en la intensidad de tu amor y luego déjala caer en el fondo del cuenco. Ve deshojando lentamente los pétalos de la rosa y deposítalos en la superficie del agua, alternando cada vez un pensamiento dichoso con el deseo de alejar a tu rival. Cuando hayas deshojado toda la flor, deja sobre el agua la foto, si la tienes, después de besarla pensando en él o ella.

Deja el cuenco todo el día al sol (no importa si está nublado), para que se cargue de sus poderosas ondas astrales, y luego toda la noche a los pies de tu cama, para que reciba tus vibraciones. A la mañana siguiente recoge la llave y llévala siempre contigo, si lo prefieres en un saquito (*sachet*) de tejido natural.

★ **RESULTADO**: la llave se ha convertido en un talismán que guardará las mejores esencias de vuestro amor, cerrando la puerta a cualquier intromisión extraña y en concreto a la que ahora te amenaza.

★ **CONSEJO**: si has decidido realizar antes el hechizo anterior, utiliza también la llave como objeto metálico sobre tu cuerpo, colgándola del cuello o de una pulsera, Su efecto de talismán se verá así reforzado.

Para reconciliarte
después de un disgusto

Hay quien dice que las peleas son la sal de las relaciones amorosas, y la reconciliación el momento más dulce. Pero si el reencuentro tarda en producirse pueden afirmarse ciertos sentimientos negativos, que luego resultará más difícil superar. Por eso es bueno que, pasado el tiempo prudencial, ayudes a su corazón y al tuyo a olvidar resentimientos y malentendidos.

El hechizo que te propongo para conseguirlo es uno de los más bonitos y simples de la magia moderna y luminosa que practicamos, pero también uno de los más efectivos.

I.
Hechizo de la cruz florida

★ **ELEMENTOS NECESARIOS**: una bandeja o jardinera con tierra natural; seis rosas rojas, tres margaritas blancas y tres claveles amarillos (todas las flores con un poco de tallo); un tazón grande de té de menta, una vela de color rosado, aceite de almendras.

★ **LUGAR Y MOMENTO**: en un jardín, terraza o balcón, entre una hora antes y una hora después de la medianoche.

★ **COMPLEMENTO OPCIONAL**: canela en polvo.

REALIZACIÓN

Prepara previamente el té de menta, que has de dejar enfriar, y unta la vela con el aceite de almendras. Forma con las flores una cruz griega, con las cuatro aspas iguales: las seis rosas en el palo vertical, las tres margaritas en el aspa de la izquierda y los tres claveles a la derecha. Luego rocíalas con el agua de menta y coloca la vela en el centro de la cruz. Enciéndela y concéntrate en tu profundo deseo de que ambos os reconciliéis y volváis a disfrutar de vuestro amor.

Deja el hechizo montado toda la noche, con la vela encendida hasta que se consuma.

★ **RESULTADO**: todos los elementos y colores de este hechizo favorecen el cariño y la comprensión, al calor de la vela rosada. El signo de la cruz favorece los sentimientos de humildad y generosidad que os harán olvidar el disgusto.

★ **CONSEJO**: si crees que él o ella ha sido culpable, y debe pedirte perdón, esparce también la canela en polvo sobre la cruz florida.

Para que comprenda tu punto de vista

Hay veces en que por más amor y compenetración que sintamos el uno por el otro, no conseguimos que él o ella comparta nuestro punto de vista sobre algún tema. Eso en principio no es malo, porque bien llevado ayuda a contrastar opiniones y enriquecer la relación de pareja. Pero puede suceder que tu amado o amada se cierre a entender algo que te resulta evidente y que sería bueno para ti, para él, o incluso para ambos.

Cuando esto sucede, debes esforzarte por explicar con claridad y afecto tus argumentos, pero no te vendrá mal ayudarte con un toque mágico, como este que aquí te propongo.

1.
Sortilegio del lazo azul

★ **ELEMENTOS NECESARIOS**: una cinta azul de pasamanería, que puedas utilizar como lazo; una vela de color verde claro, unas ramitas de espliego o de lavanda, un cazo con agua de lluvia.

★ **LUGAR Y MOMENTO**: en tu habitación, no más de tres horas antes de encontrarte con la persona amada.

★ **COMPLEMENTO OPCIONAL**: no lo hay en este caso.

 REALIZACIÓN

Rodea la base de la vela con la cinta, y hazle un lazo lo más bonito que puedas. Luego enciéndela, y quema en su llama las ramitas, mientras te concentras en desear que él o ella entienda tu posición. Apaga las ramitas en el agua de lluvia y desanuda el lazo antes de apagar la vela.

En vuestra próxima cita ponte la cinta como lazo en el pelo, o si no te va bien en la muñeca u otro sitio que pueda ver.

★ **RESULTADO**: la cinta emite efluvios de comprensión, que harán que finalmente entienda tu punto de vista.

★ **CONSEJO**: sigue llevando la cinta cada día, hasta saber que lo has convencido.

Para que se lleve mejor con tu familia y/o amistades

Suele decirse que dos enamorados se bastan el uno al otro, pero todos sabemos que también necesitamos relacionarnos como pareja con los demás. En especial, con aquellas personas que forman el círculo más íntimo de cada uno. Pero puede pasar que la persona que amas no se sienta a gusto con tus familiares y amigos, o que por alguna razón estos no se lleven bien con él o ella. Es posible que la magia no baste para solucionar este problema, pero puede servir de ayuda si ambos estáis dispuestos a esforzaros por conseguir mejorar esa relación.

I.
Hechizo de buena relación con cobre y olivo

★ **ELEMENTOS NECESARIOS**: un objeto de cobre o un rollito de alambre de ese metal, varias hojas de olivo, cinco velas blancas, un sahumador de incienso, fósforos de madera.

★ **LUGAR Y MOMENTO**: frente a una ventana, en las primeras horas de la noche.

★ **COMPLEMENTO OPCIONAL**: semillas de sésamo.

 REALIZACIÓN

Coloca las cinco velas en círculo, como formando los vértices de una estrella de cinco puntas. Luego sitúa el cobre en el centro, rodeándolo con las hojas de olivo, y pon delante el sahumador. Enciende el incienso, y mientras arde concéntrate profundamente en las personas que deben mejorar esas relaciones. Después haz unos pases de manos circulares sobre el humo del incienso, mirando fijamente el cobre y tratando de sentir sus vibraciones. Apaga las velas y el incienso, dejando el cobre en su sitio durante toda la noche.

★ **RESULTADO**: el magnetismo del cobre conduce buenas vibraciones a las personas que tú has conjurado, al tiempo que las velas blancas, el olivo y el incienso promueven la paz y el buen entendimiento, que sin duda han de llegar.

★ **CONSEJO**: si crees que también tu amado o amada debe mejorar su actitud, pon unas semillas de sésamo entre las hojas de laurel.

Para llevarte mejor con su familia y/o amistades

Puede suceder que el problema que vimos en el apartado anterior se presente a la inversa, y seas tú la que tiene conflictos con sus parientes y amigos. En principio, puedes utilizar el mismo hechizo, cambiando tu visualización y llevando el objeto de cobre como talismán cuando vas a encontrarte con las personas conflictivas.

Como refuerzo u opción a ese sortilegio, te sugiero también un conjuro y amuleto que te puede ser de gran ayuda en tu relación con esas personas.

1.
Conjuro triple y amuleto de hierbas encantadoras

⭐ **ELEMENTOS NECESARIOS**: unas hojas de mejorana, clavo de olor, semillas de eneldo; un espejo de mesa, una vela verde, un saquito de tela natural de boca ancha.

⭐ **LUGAR Y MOMENTO**: en una habitación que puedas oscurecer, un lunes o viernes de fecha 3, 5, 7, 12 o 21, durante la noche.

⭐ **COMPLEMENTO OPCIONAL**: no lo hay en este caso.

REALIZACIÓN

Coloca el espejo sobre la mesa, y delante forma un triángulo con la mejorana arriba, el clavo a la izquierda, y el eneldo a la derecha. En el centro del triángulo pon la vela, que debes haber encendido previamente. Oscurece totalmente la habitación, mirándote fijamente en el espejo a la luz de la vela. Visualiza tu atractivo externo e interno, y siente que nadie puede rechazarte ni despreciarte. A continuación coge el saquito abierto con la mano izquierda y echa en él las hojas de mejorana con la derecha, mientras recitas el primer conjuro:

Mejorana, magia temprana
haz que me acepten por la mañana.

Echa el clavo y recita el segundo conjuro:

Fuerza hechicera del clavo de olor
haz que esa gente me quiera mejor.

Echa las semillas de eneldo y recita el tercer conjuro:

Eneldo, eneldo, dulce semilla
haz que la relación sea amable y sencilla.

Cierra el saquito y llévalo contigo como amuleto, siempre que vayas a encontrarte con esas personas.

★ **RESULTADO**: si pones voluntad y sinceridad de tu parte, verás que pronto comenzarán a mejorar tus relaciones con los familiares y amigos de tu amado o amada.

★ **CONSEJO**: si llevas el amuleto en forma permanente, puede ayudarte en tus relaciones en general.

Para que tus padres aprueben vuestro amor

En principio este apartado se dirige a los más jóvenes, que son los que suelen sufrir con más intensidad este tipo de problema.

No obstante, aunque presentemos un sortilegio de corte juvenil, quede claro que su poder puede ser utilizado con éxito a cualquier edad.

1.
Sortilegio de los tres anillos

⭐ **ELEMENTOS NECESARIOS**: tres anillos metálicos de cualquier tipo, tres velitas pequeñas roja, blanca y azul; un cordel de lana azul, una rosa blanca y un clavel rojo, con sus tallos. (Ver dibujo).

⭐ **LUGAR Y MOMENTO**: en un sitio en que te sientas cómoda y tranquila, por la mañana de un día que no sea lunes o martes de fecha par.

⭐ **COMPLEMENTO OPCIONAL**: un collar de plata.

REALIZACIÓN

Coloca las tres velas en una fila horizontal, y en este orden: la blanca a la izquierda, la roja en el centro y la azul a la derecha. Frente a ellas sitúa la rosa y el clavel, sin que se toquen entre sí. Luego pasa un anillo por cada vela, de forma que caigan hasta la base. Enciende las velas de izquierda a derecha, y en cada una haz una visualización: ante la vela blanca, piensa en tu madre; ante la roja, en tu padre; y ante la azul, en tu amado o amada, Luego coge la rosa con la mano izquierda y el clavel con la derecha, y acércalos lentamente una al otro hasta que se unan. Deja las flores sobre la mesa y recoge los anillos sin apagar las velas. Pásalos por el cordel de lana y ata con este la rosa y el clavel. A continuación apaga las velitas y deja las flores unidas por el cordel todo el día, hasta el atardecer.

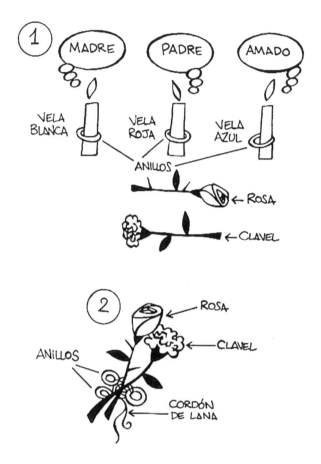

★ **RESULTADO**: como habrás adivinado, la rosa y el clavel representan vuestra pareja, y los tres anillos a tus padres y tu amado, que se entenderán y te rodearán de afecto.

★ **CONSEJO**: si vas a usar el collar de plata, póntelo desde la mañana al levantarte para reforzar tus vibraciones.

Hechizos de amor pasión

La seducción y la relación amorosa llevan siempre implícito un componente de pasión y sensualidad, una mutua atracción cuerpo-mente, que expresa la intensidad y el disfrute placentero del amor. Esa comunión física y espiritual, no siempre fácil de alcanzar —y sobre todo de conservar— posee sin duda un soplo de magia, que la propia hechicería moderna puede ayudarte a encender y a mantener.

Como elementos generales para los sortilegios de amor pasión, tengamos en cuenta que el color que mejor lo canaliza y aviva es el rojo, en sus distintos matices, y también el naranja, por ser el color de las llamas. El fuego siempre debe estar presente en alguna forma, y tanto el sol como la luna tienen gran influencia sobre las vibraciones de la atracción sensual. La primavera y el verano son las estaciones más propicias, como épocas de florecimiento y expansión de la naturaleza.

Al realizar los hechizos, aparte de los componentes que se proponen para cada uno, debemos considerar los siguientes elementos:

Los números favorables al amor apasionado son el 5, el 7 y el 13, con sus respectivas combinaciones, inversiones, etc.

Las imágenes simbólicas son los círculos, los gatos, la estrella de cinco puntas, la cruz de san Andrés (en forma de X) y las flores de colores intensos y brillantes, los corazones, cupido (Eros), flechas de amor, Venus, Afrodita.

Los complementos beneficiosos que se pueden incorporar a los hechizos son las hojas de roble o encina, granos de pimienta, el cuarzo rosa o rojizo o la amatista, canela, miel, muérdago.

Para que te sientas apasionada y sensual

La primera norma para seducir a otra persona y disfrutar del amor pasión, es que nosotras mismas sintamos la sensualidad que deseamos transmitir y compartir con el ser amado. Y no creas que esa sensualidad es algo solamente exterior y físico. Por el contrario, es una sensación que debe brotar de lo más hondo de tu ser, de tu mente y de tu corazón. De nada te valdrán las prendas atrevidas o los gestos provocativos si no llevas en tu interior el aliento de la pasión auténtica y profunda.

Dada la importancia de este sentimiento, y la dificultad para alcanzarlo plenamente, en este apartado te sugiero tres sortilegios que sin duda podrán ayudarte. Escoge el que más se adapte a tu personalidad, pero no utilices ninguno de los otros hasta que no hayan pasado trece días completos. Y, en cualquier caso, nunca practiques más de dos de ellos.

I.
Hechizo mayor de transfiguración interior

★ **ELEMENTOS NECESARIOS**: una vela roja y dos velas naranjas, una piedra de cuarzo, un collar de oro o de plata, cinco claveles rojos, una cartulina y lápiz rojo.

★ **LUGAR Y MOMENTO**: en tu habitación, antes de acostarte, al filo de la medianoche. Es mejor si hay luna llena o en cuarto creciente.

★ **COMPLEMENTO OPCIONAL**: un pañuelo de seda que no sea blanco ni negro.

REALIZACIÓN

Conviene que lleves solo una prenda suelta y ligera, como un camisón o una bata de noche, sin ropa interior ni adornos, excepto el collar. Si llevas el pelo largo, recógelo con el pañuelo. Dibuja sobre la cartulina un triángulo rojo, y luego rodéalo con un círculo (ver dibujo). Pon la vela roja en el vértice superior, y las velas naranjas en los vértices laterales. Enciéndelas y coloca luego la piedra de cuarzo en el centro del dibujo. A continuación engancha los cinco claveles en el collar, de forma que las flores acaricien tu cuello y tu nuca. Concéntrate por unos momentos procurando sentir cómo los claveles te transmiten su sensualidad, que desciende hacia tu interior. Recoge los claveles en un ramo y cógelo con la mano derecha, apoyándolo contra tu corazón, Pon la mano izquierda sobre la piedra de cuarzo, sintiendo su roce en tu palma. Concéntrate intensamente, visualizando cómo las vibraciones pasionales de la piedra magnética inundan todo tu ser.

COLOCACIÓN DE LOS CLAVELES EN EL COLLAR

RAMO

VELAS NARANJAS

CUARZO

VELA ROJA

★ **RESULTADO**: si tu concentración ha sido realmente profunda, la pasión del cuarzo magnetizado por las velas inundará tu ser, al tiempo que la sensualidad floral de los claveles te hará más sensible y receptiva a los goces del amor.

★ **CONSEJO**: repite este hechizo en la tercera luna llena siguiente, a fin de reforzar y mantener sus efectos.

2.
Conjuro de tierra y sal para despertar tu sensualidad

★ **ELEMENTOS NECESARIOS**: una maceta pequeña de barro o cerámica, un poco de tierra natural, un puñado de sal marina, una vela naranja bastante alta, una rosa roja.

★ **LUGAR Y MOMENTO**: al aire libre y en lo posible a pleno sol, durante la mañana de un sábado de fecha impar. Es preferible en primavera o verano.

★ **COMPLEMENTO OPCIONAL**: semillas de naranja o mandarina.

REALIZACIÓN

Vierte la tierra y la sal en la maceta, y revuelve con los dedos de la mano izquierda para que se mezclen bien. Como refuerzo puedes agregar las semillas, especialmente si no brilla el sol. Luego introduce la vela en el centro de la maceta, hundiendo el cabo hasta el fondo para intensificar el contacto con la tierra y la sal, y enciéndela. A continuación comienza a deshojar la rosa, distribuyendo los pétalos alrededor de la vela, mientras recitas el siguiente conjuro:

Tierra poderosa, magia de la sal,
haced que me sienta ardiente y sensual.

No dejes de repetir el conjuro una y otra vez, con gran concentración, hasta haber deshojado toda la rosa.

★ **RESULTADO**: como dice el propio conjuro, la fuerza telúrica de la tierra y la magia mineral de la sal, encendidas por el calor de la vela y reforzadas por el simbolismo de la rosa, despertarán en tu ser nuevos sentimientos sensuales.

★ **CONSEJO**: lleva la maceta con la vela encendida a tu habitación, y déjala allí hasta que la llama se apague por sí sola al llegar al cabo hundido de la vela.

3.
Talismán de oro y paño de la pasión

★ **ELEMENTOS NECESARIOS**: una joya o adorno de oro, un paño pequeño, fino y blanco, un rotulador, tenacillas y tijeras, una vela roja, un cordelito amarillo o dorado.

★ **LUGAR Y MOMENTO**: en un cuarto que puedas oscurecer y después ventilar, al atardecer de un miércoles o viernes de fecha impar, preferiblemente 5, 13 o 21.

★ **COMPLEMENTO OPCIONAL**: no lo hay en este caso. En el libro *Manual de la Bruja Moderna para atraer el dinero* desde la página 93 hasta la 102, tienes amuletos para la buena suerte y la abundancia que te pueden interesar, ya que alguno de ellos, tienen vibraciones benéficas para hechizos amorosos.

⌘ REALIZACIÓN

Con el rotulador dibuja tu corazón en el lado izquierdo del paño, y una estrella de cinco puntas en el lado derecho. Separa ambos lados con la tijera y colócalos frente a la vela roja. Pon la joya de oro sobre la estrella y enciende la vela roja. Coge con las tenacillas el paño con el dibujo de tu corazón y acércalo a la llama de la vela. Deja que arda completamente, mientras apoyas la otra mano sobre la joya de oro y te concentras en percibir las intensas vibraciones que te inundan.

Luego envuelve la joya de oro con el paño de la estrella y ata el envoltorio con el cordelito. Debes llevar encima este talismán todo el tiempo durante veintiún días.

★ **RESULTADO**: tu corazón ardió simbólicamente y transmitió esa pasión a la joya de oro, a través de la estrella mágica de cinco puntas. El talismán, cargado de esas vibraciones, pasará poco a poco a tu ser sentimientos intensos y apasionados.

★ **CONSEJO**: transcurridos los veintiún días, ponte la joya talismán y llévala como adorno durante otros veintiún días completos.

Para que tengas un gran atractivo sensual

Una cosa es sentirnos apasionados, y otra muy distinta que ese sentimiento se transmita a los demás de forma natural y seductora, sin quedarnos cortos ni pasarnos de la raya. Conseguir un atractivo sensual apropiado depende de la personalidad y el estilo de cada cual, pero la magia puede ser un complemento de gran ayuda, si sabemos incorporar sus poderes a nuestros propios recursos seductores.

Por ejemplo, puedes utilizar los dos hechizos que te ofrezco a continuación, dirigidos a incrementar la sensualidad del rostro. Si quieres practicar ambos, deja pasar siete días entre uno y otro.

I.
Hechizo de la mirada seductora

⭐ **ELEMENTOS NECESARIOS**: un paño o mantel de color claro, un espejo de mesa, una vela amarilla, dos rosas rojas.

⭐ **LUGAR Y MOMENTO**: en tu habitación, en un día impar, entre las nueve y las once de la noche.

⭐ **COMPLEMENTO OPCIONAL**: una copa de anís o licor afrutado.

REALIZACIÓN

Coloca el manto cubriendo una mesilla o tocador, y pon encima el espejo. Enciende la vela delante, de forma que su llama se refleje en él, deposita una rosa a cada lado y apaga las otras luces. Siéntate frente a estos elementos y, si lo deseas, bebe a sorbos la copa de licor, preparando tu ánimo para el hechizo. Coge la rosa de la derecha con esa misma mano y mírate en el espejo a través de la vela de forma que su llama ilumine en el espejo tu ojo izquierdo. Luego haz la misma operación a la inversa, usando la rosa de la izquierda y el ojo derecho. A continuación retira la vela a un lado y coge una rosa en cada mano. Mírate fijamente al espejo mientras cuentas muy despacio hasta siete, concentrándote en la intensidad y brillo sensual que está adquiriendo tu mirada.

★ **RESULTADO**: la intensidad que has visto durante unos segundos en el espejo hechizado, se hará poco a poco natural en tu mirada. En especial en los momentos en que quieras ejercer tu atractivo y seducción.

★ **CONSEJO**: pon las rosas en un florero con agua de lluvia y déjalas unos días en tu habitación, pero retíralas antes de que se marchiten.

2.
Pomada floral para labios tentadores

★ **ELEMENTOS NECESARIOS**: pétalos de distintas flores de color rojo, naranja y amarillo; vaselina o parafina líquida, unas gotas de agua de lavanda, una cadenita de plata, una vela blanca, un mortero de madera o piedra.

★ **LUGAR Y MOMENTO**: haz el hechizo en tu habitación, alrededor de la medianoche, y la preparación al día siguiente, en horas próximas al mediodía.

★ **COMPLEMENTOS OPCIONALES**: hojas de romero y eneldo.

REALIZACIÓN

Primera parte: el hechizo. Reúne todos los pétalos en un montoncillo alrededor de la base de la vela y rodéalos completamente con la cadena de plata. Si lo deseas, puedes hacer un segundo círculo con las hojas de hierbas, para reforzar el hechizo. Enciende la vela y concéntrate en el deseo de mostrarte atractiva y seductora, Deja arder la llama durante cinco minutos, sin retirarte ni perder la concentración.

Segunda parte: la pomada. Al día siguiente recoge los pétalos, sin las hierbas, mételos en el mortero de madera, y tritúralos con el mazo hasta formar casi una pasta. Rocíalos con el agua de azahar y agrega la vaselina. Mezcla todo bien formando una pomada consistente, que puedes guardar en un envase vacío de cosmética.

Aplícate la pomada floral en los labios durante siete noches, antes de acostarte, concentrándote en el atractivo sensual que deseas poseer.

★ **RESULTADO**: tus labios no sufrirán ninguna alteración física, pero el sortilegio hará que sonrías con mayor seducción y que atraigas el deseo de besarlos y acariciarlos y además, estarán bellamente hidratados. Una hidratación que puedes utilizar todo el año.

Para encontrar la persona que encienda tu pasión

Para encontrar a esa persona que pueda despertar tu pasión, no puedes confiar solo en la casualidad o la buena suerte. La brujería ha sido siempre un excelente recurso para acercar a seres afines que, sin un toque de magia, quizá nunca se hubieran encontrado. Los hechizos de búsqueda y encuentro de lo desconocido forman una parte importante de la tradición mágica, tanto la ancestral como la moderna, y tienen fama de ser particularmente efectivos.

Aquí presentamos dos sortilegios que se basan en elementos muy poderosos en la magia relacionada con el encuentro del amor y la pasión: la cruz de san Andrés, que emite sus vibraciones hacia puntos no cardinales, y las hojas de roble o encina, reinas de los bosques donde se ocultan muchos arcanos.

I.
Hechizo mayor de la cruz de san Andrés

* ★ **ELEMENTOS NECESARIOS**: doce pimpollos de rosas naranjas y/o amarillas; doce velitas rojas; una piedra de amatista; un círculo de cartón o cartulina blanca, un rotulador rojo.
* ★ **LUGAR Y MOMENTO**: en una habitación cerrada, durante la primera hora después de la medianoche. Mejor si hay luna nueva y es primavera.
* ★ **COMPLEMENTO OPCIONAL**: cinco granos de café. En lugar de la amatista, también puedes utilizar un cuarzo rosa.

REALIZACIÓN

Guíate con el dibujo que viene a continuación. Forma una cruz de san Andrés alternando tres pimpollos y tres velas en cada una de sus astas. Dibuja tu corazón en el círculo de cartón y colócalo frente a la cruz. Pon la amatista en el centro del corazón, cuidando que no toque las líneas del dibujo. Si quieres darle al hechizo un toque más sensual, distribuye los granos de café alrededor del círculo, sin que toquen el borde del cartón. Enciende las velas, en el siguiente orden:

1. Aspa superior izquierda, de arriba abajo.
2. Aspa inferior derecha, de abajo arriba.

3. Aspa inferior izquierda, de abajo arriba.
4. Aspa superior derecha, de arriba abajo.

Después de haber encendido las tres velas de cada aspa, debes detenerte un momento para concentrarte en los atributos de la persona que deseas encontrar.

Una vez que has encendido todas las velas, coloca la yema de los dedos corazón de ambas manos sobre la piedra amatista (o cuarzo rosa), manteniendo los otros dedos cerrados, y concéntrate en visualizar a esa persona, según tú la imaginas.

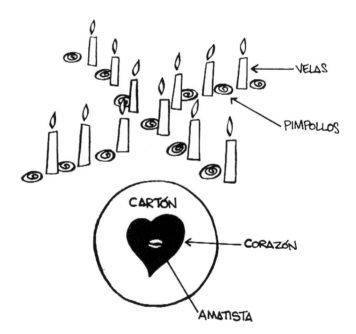

★ **RESULTADO**: las vibraciones de la amatista transmiten los deseos de tu corazón a la cruz ardiente, que irradia ondas en busca de la persona apropiada. Probablemente tendrás un encuentro con esta dentro de los trece días siguientes al hechizo.

★ **CONSEJO**: coloca los doce pimpollos en un florero con agua de lluvia, y ponlo frente a una ventana que dé a la calle.

2.
Conjuro de luz de luna y plata
para atraer la pasión

★ **ELEMENTOS NECESARIOS**: una vela roja, un pendiente de plata que hayas llevado durante siete días en la oreja izquierda, varias flores de azahar, hojas secas de roble y/o encina, un cuenco de cerámica o metal, alcohol de quemar.

★ **LUGAR Y MOMENTO**: al aire libre o frente a una ventana abierta, en una noche de luna llena de un mes impar.

★ **COMPLEMENTOS OPCIONALES**: otras joyas de plata.

REALIZACIÓN

Coloca la vela roja en el suelo, y a su derecha el cuenco con las hojas secas. A la izquierda pon el pendiente y rodéalo con un círculo de flores de azahar. Siéntate en posición de loto frente a estos elementos, y roza con los dedos el pendiente y las otras joyas de plata que puedas llevar, antes de encender la vela. Mientras esta arde, concéntrate profundamente y recita tres veces el siguiente conjuro:

Plata de luna, luna de plata,
hojas del bosque, flores de azahar,
una persona quiero encontrar
que mi pasión le resulte grata de aceptar.

Luego mira fijamente a la luna durante unos momentos, concentrándote en transmitirle tus vibraciones.

★ **RESULTADO**: la plata y los otros elementos reciben tus vibraciones, canalizadas por la llama de la vela y la fuerza del conjuro hacia la poderosa luna llena, cuya luz encontrará a la persona que buscas y la guiará hacia ti.

★ **CONSEJO**: vuelve a ponerte el pendiente en la oreja izquierda, y llévalo durante otros siete días para reforzar el poder del conjuro.

Para que te pida la primera cita

Si ya has conocido a esa persona que despierta tu pasión, es el momento de que te proponga una primera cita a solas. Quizá tú puedas tomar la iniciativa, pero aun en ese caso deberías asegurarte de que aceptará. Sea quien sea el que dé el primer paso, lo importante es eso, la proposición o aceptación por parte de aquel con quien deseas iniciar una relación. Para eso, nada mejor que embrujarlo o hechizarlo un poco, influyendo mágicamente en su voluntad.

Los dos sortilegios que proponemos con este fin son sencillos y casi infalibles, si colaboras con tu arte de seducción y tu sentido de la oportunidad.

130

1.
Embrujo del pañuelo rojo

* **ELEMENTOS NECESARIOS**: un pañuelo de seda roja nuevo, que llevarás durante cinco días antes del embrujo; un sahumador de incienso; fósforos de madera.

* **LUGAR Y MOMENTO**: en la hora bruja del atardecer (cuando ya no ves el sol, pero sí todavía el reflejo de su luz en el cielo), al aire libre o en un sitio abierto.

* **COMPLEMENTO OPCIONAL**: no lo hay en este caso.

 REALIZACIÓN

Colócate el pañuelo al cuello, sin anudarlo, de forma que las puntas caigan sobre tu pecho. Enciende el sahumador y con las manos abiertas y los dedos separados haz unos pases mágicos sobre el humo, concentrándote en tus deseos de estar a solas con esa persona. Luego coge con las manos las puntas del pañuelo y ciérralas lentamente, en un puño, apretadas contra el pecho. Haz una respiración profunda, visualizando cómo tu pasión magnetiza la seda del pañuelo.

La próxima vez que veas a esa persona, lleva el pañuelo puesto.

* **RESULTADO**: tus manos, sensibilizadas por el humo mágico del incienso, han transmitido al pañuelo tus deseos y tu pasión. Esas vibraciones llegarán a la persona

elegida, que pronto te pedirá una cita o aceptará tu invitación, si ese es el caso.

★ **CONSEJO**: si con alguna excusa consigues que él tome el pañuelo, o por lo menos lo toque, el poder del embrujo se verá reforzado.

2.
Encantamiento con miel y canela

....

★ **ELEMENTOS NECESARIOS**: un platillo o recipiente pequeño de loza, un poco de canela en polvo, un frasquito de miel, una cucharilla, una vela verde.

★ **LUGAR Y MOMENTO**: una estancia que contenga varios elementos de metal (por ejemplo, el garaje, la cocina, o incluso el cuarto de baño), en lunes, miércoles o viernes, media hora antes de ir a acostarte.

★ **COMPLEMENTO OPCIONAL**: cualquier objeto pequeño de hierro.

REALIZACIÓN

Coloca la vela sobre una superficie plana y enciéndela con un fósforo de madera. Si en la estancia hay poco metal, conviene que tengas el objeto de hierro en la mano izquierda. Pon frente a la vela el platillo o recipiente, y vierte una cucharadita de miel, mientras piensas en tus virtudes y atractivos. Vierte una segunda cucharadita, pensando en la persona que te apasiona; y una tercera, visualizando el encuentro a solas que tanto deseas. Luego esparce sobre la miel tres pizcas de canela, repitiendo los mismos pensamientos. Ponte las manos sobre el corazón, concéntrate en la llama, y siente profundamente el deseo de que ese encuentro se produzca.

Deja todo como está, en el mismo sitio, durante toda la noche. A la mañana siguiente toma un poco de la miel con canela en el desayuno.

★ **RESULTADO**: a través de la ingesta, el encantamiento, canalizado por los metales, se ha transmitido a todo tu ser. La persona que te interesa no dejará de percibirlo y sentirá la necesidad de salir contigo a solas.

★ **CONSEJO**: si puedes tomar toda la miel, el encantamiento será más poderoso.

Para que se apasione por ti en la primera cita

Aunque confíes en tus encantos y en tu poder de seducción, un primer encuentro es siempre una situación difícil, en la que ambos pueden sentirse a la vez ansiosos y recelosos. La timidez, la falta de confianza, la impaciencia, el exceso de ardor, pueden ser tanto positivos como negativos según las circunstancias.

Para equilibrar favorablemente esos sentimientos y conseguir que la persona deseada quede prendada de ti desde ese mismo día (o noche), nada mejor que llevar contigo un amuleto que proporcione un matiz de embrujo a esa primera cita. Recuerda que en el libro *Manual de la Bruja Moderna para atraer el dinero,* en la página 99, tienes amuletos y sus significados.

I.
Amuleto de *ginseng* y hierbas aromáticas

⭐ **ELEMENTOS NECESARIOS:** un trocito de raíz de *ginseng*; hojas de laurel, lavanda y salvia; tres granos de pimienta negra; una vela naranja; una hoja de papel y un lápiz de color verde; un saquito (*sachet*) de tela natural.

⭐ **LUGAR Y MOMENTO:** en una habitación que puedas oscurecer totalmente, en la tercera hora de oscuridad de un día impar que no sea martes.

⭐ **COMPLEMENTO OPCIONAL:** un poco de sal marina.

🕯 REALIZACIÓN

Escribe en el papel tu nombre con el lápiz verde, y debajo el nombre de él o ella. Coloca el papel frente a la vela y enciéndela. Luego vierte sobre el papel el laurel, la lavanda y la salvia, en ese orden, mientras haces una inspiración y expiración profundas, para alejar de ti las ondas negativas. Si crees que eres muy tímida o nerviosa, echa también un poquito de sal marina. En el centro del montoncito de hierbas pon la raíz de *ginseng*, y deja la palma de tu mano sobre esta. Mira fijamente la llama de la vela y visualiza la escena ideal para vuestro encuentro, concentrándote en ella durante unos momentos. A continuación envuelve todo en el papel, haciendo una bolita, y guárdalo en el saquito de tela.

Cuando vayas a la cita debes llevar el amuleto colgado de un cordel o del collar que te pongas, pero no sobre el pecho sino sobre la nuca.

★ **RESULTADO**: el *ginseng* y la vela naranja ponen el ardor necesario, templado y orientado por las hierbas y tus visualizaciones favorables. Todo irá bien si no te quitas el amuleto en ningún momento

★ **CONSEJO**: prepara el amuleto unos días antes y acostúmbrate a llevarlo. Así no te incomodará durante el decisivo encuentro.

Para que sienta que no podrá vivir sin ti

Este es un segundo paso respecto al apartado anterior, ya que se trata de consolidar lo conseguido en los primeros encuentros de vuestra relación. Ya sabemos que lo que muy bien empieza crea unas expectativas que pueden desbaratarse al poco tiempo. Para evitarlo, sin duda sabrás recurrir a todos tus atractivos y a la sincera intensidad de tu pasión. Pero, una vez más, nada se pierde con recurrir a esta modesta bruja moderna para que te aconseje un buen hechizo.

En este caso te sugiero un sortilegio que yo misma he utilizado más de una vez en mi consulta, casi siempre con notables resultados.

I.
Conjuro de pasión persistente en verde y rojo

★ **ELEMENTOS NECESARIOS**: una pequeña mesa, banqueta o taburete circular; un paño negro; un candelero amplio o un plato de loza que sirva como tal; una vela roja; una ramita con hojas de muérdago, otra de laurel y otra de roble o encina (o ambas); unas gotas de agua de azahar.

★ **LUGAR Y MOMENTO**: en una estancia amplia, que permita situar la mesa y girar alrededor, la noche de un viernes con luna nueva o creciente.

★ **COMPLEMENTO OPCIONAL**: siete semillas de hierba buena.

 REALIZACIÓN

Coloca la mesa o taburete circular en el centro de la habitación y cúbrela con el paño negro. Pon sobre este la vela roja, y rodéala con una corona de hojas, distribuyéndolas en el candelero. Si crees que él o ella aún tiene dudas, agrega las semillas de hierbabuena como refuerzo. Luego enciende la vela y concéntrate un momento para abrir tu mente. A continuación pon tu mano derecha sobre el corazón y la izquierda sobre la frente, recitando el siguiente conjuro:

Verde y rojo, rojo y verde,
amor que arde no se pierde.

Después da una vuelta completa alrededor de la mesa, de izquierda a derecha, mirando siempre fijamente la llama de la vela. Al terminar cambia las manos de sitio y recita el segundo conjuro:

Rojo y verde, verde y rojo
Quiero tenerlo/a siempre a mi antojo.

Luego da otra vuelta a la mesa, de derecha a izquierda, mirando siempre la vela. Al terminarla concéntrate profundamente en el cumplimiento de tu deseo, y luego apaga la vela.

★ **RESULTADO**: la fuerza del rojo, color de la pasión, y el poder del verde, que hace cumplir las esperanzas, se reúnen para retener y aumentar la atracción de tu amado o amada.

★ **CONSEJO**: pon toda tu intensidad y sinceridad en la realización y recitado del conjuro, pues su éxito depende en gran medida de cómo lo realices.

Para atraer a la persona amada un poco más cada día

«Amor que crece, amor que se merece» dice un antiguo refrán. Y es verdad; todos deseamos gustar y atraer a nuestra pareja un poco más cada día, porque eso nos demuestra que somos correspondidos y nos asegura que el ser amado permanecerá a nuestro lado. Los enemigos de este sentimiento creciente son la rutina, la costumbre, el tedio y la falta de iniciativa e imaginación.

Tú ya sabes que debes luchar contra esas actitudes que pueden debilitar vuestra pasión, para lo cual puedes también apoyarte en nuestra magia clara y luminosa. He aquí un sortilegio de efectos muy poderosos para mantener encendido el fuego de la pasión.

I.
Embrujo de la pasión siempre renovada

★ **ELEMENTOS NECESARIOS**: un cartón o cartulina blanca, bastante grande; un rotulador rojo y otro negro; dos velas rojas; dos velas naranjas; un trozo de papel pergamino; ramitas y hojas secas de olivo y laurel; un cuenco o bol de metal.

★ **LUGAR Y MOMENTO**: al aire libre o frente a una ventana, en la primera hora antes de medianoche, con luna llena.

★ **COMPLEMENTO OPCIONAL**: unas gotas de agua de azahar.

REALIZACIÓN

Con el rotulador rojo dibuja sobre el cartón una cruz de san Andrés, y rodéala con un círculo trazado con el rotulador negro. Pon las dos velas rojas en los extremos de una de las aspas, y las velas naranjas en los extremos de la otra. Enciende las velas y prepara frente a ellas el embrujo: escribe el nombre de tu pareja en el pergamino y colócalo dentro del cuenco, con la inscripción hacia arriba. Encima distribuye las ramitas y hojas. Enciende el pergamino con un fósforo de madera y mientras todo arde concéntrate en tu deseo de atraer al ser amado un poco más cada día.

Cuando el fuego se haya consumido, apaga las velas y esparce al aire exterior las cenizas que han quedado en el cuenco, para que reciban las vibraciones de la luna.

★ **RESULTADO**: la cruz, el círculo y las velas canalizan las energías pasionales que arden con el nombre de tu pareja, que así se sentirá cada vez más atraída por ti.

★ **CONSEJO**: puedes realizar este embrujo cada tres plenilunios, o sea, dejando pasar dos lunas llenas antes de repetirlo.

Para que se comporte como tú quieres

Este tema sí que es mágico de verdad, porque algunos podemos pensar que para alcanzar ese objetivo no hace falta un sortilegio, sino un verdadero milagro. Ironías aparte, todos deseamos que nuestra pareja cambie alguna o varias de sus actitudes hacia nosotros. Siempre hay algo en su comportamiento que nos gustaría variar o mejorar, pero no es fácil conseguirlo manteniendo la armonía de la relación.

Si lo has intentado y no lo consigues, o no lo logras del todo, tengo para ti un excelente hechizo mayor, de esos algo complicadillos pero cuyos resultados llegan a rozar la categoría de milagro.

I.
Hechizo mayor del arcoíris ardiente

★ **ELEMENTOS NECESARIOS:** un pequeño objeto que debes comprar para él o ella, que tenga una parte de metal (lapicero, encendedor, llavero, etc.); siete velas de los siguientes colores: violeta, azul, celeste, verde, amarillo, naranja y rojo; un sahumador y una barra de incienso con tu aroma preferido; una fotografía de tu pareja; dos rosas rojas; una hoja de papel y un lápiz rojo.

★ **LUGAR Y MOMENTO:** en uno de los crepúsculos (amanecer o atardecer), en un día cuya fecha sea 3 o múltiplo de 3.

★ **COMPLEMENTO OPCIONAL:** unas gotas de perfume de pachulí.

REALIZACIÓN

Coloca las siete velas en forma de arco de medio punto, (guíate con el dibujo que encontrarás a continuación) en el orden de colores indicado más arriba. Escribe tu nombre en el papel, abarcando casi toda la hoja, y envuelve con esta la fotografía, haciendo cuatro pliegues. Pon encima el objeto de regalo, y agrega una rosa a cada lado. Si quieres que el hechizo tenga una mayor carga pasional, vierte unas gotas de pachulí sobre las rosas. A continuación comienza a encender las velas, empezando por la violeta, y concentrándote cada vez en un tema determinado.

Vela violeta: quiero que sea humilde y generoso/a.

Vela azul: quiero que me comprenda.

Vela celeste: quiero que sea sincero/a.

Vela verde: quiero que confíe en mí.

Vela amarilla: quiero que sea alegre y cariñoso/a.

Vela naranja: quiero que sea tierno/a y sensible.

Vela roja: quiero que sea cálido/a y apasionado/a.

Cuando todo el arcoíris esté encendido, siéntate de rodillas frente a él, con las nalgas sobre los talones, cruza las manos sobre el pecho y concéntrate profundamente en el cumplimiento de esos siete deseos.

Debes obsequiarle el objeto hechizado durante las veinticuatro horas siguientes.

★ **RESULTADO**: el arcoíris ardiente concentra una notable y variada carga de energías positivas, cuyas vibraciones, canalizadas por las rosas rojas, impregnan la imagen de la foto e influyen por sincronía sobre las actitudes de esa persona.

★ **CONSEJO**: si te interesa especialmente alguna actitud en particular, deja encendida la vela correspondiente hasta que se consuma y apaga las otras.

Para mantener vivo el fuego de la pasión

A veces notamos que, aunque el afecto y la atracción mutua persistan, el fuego de la pasión va declinando a medida que pasa el tiempo. Hay diversos motivos para que esto suceda, y tú misma debes reflexionar sobre cuáles son los que intervienen en vuestro caso, actuando en consecuencia para evitarlos o superarlos. Si no lo haces, de poco te servirá el auxilio de la magia moderna.

Pero si pones interés y decisión de tu parte, hay dos sortilegios destinados a estimular y facilitar ese esfuerzo, haciendo que el fuego pasional se reavive.

I.
Ritual solar con oro y flores rojas

★ **ELEMENTOS NECESARIOS:** una cadenita de oro; una foto de tu pareja; una rosa roja y un clavel rojo, con un poco de tallo; dos cordones de color amarillo, uno un poco más largo; un pañuelo rojo de tul u otra tela translúcida.

★ **LUGAR Y MOMENTO:** al aire libre o en un sitio en el que dé el sol, antes del mediodía de un sábado, mejor en primavera o verano.

★ **COMPLEMENTO OPCIONAL:** no lo hay en este caso.

REALIZACIÓN

Engancha la foto a la cadenita de oro (con celo, si no quieres perforarla) y colócatela al cuello, de forma que la foto cuelgue sobre tu pecho. Anúdate el cordón más corto alrededor de la cabeza, y engancha la rosa roja sobre tu frente (puedes usar un clip o una horquilla). Luego ata el cordón más largo a la cintura, y engancha el clavel, de forma que quede sobre tu vientre. Coge entonces el pañuelo y colócatelo sobre el pelo, dejándolo suelto. A continuación une las manos sobre el torso, entre las dos flores, cierra los ojos, y ofrece el rostro al sol, concentrándote en el deseo de que vuestra pasión renazca como el primer día.

Separa las manos y coge con ellas el pañuelo, elevándolo hacia el sol, y contempla un momento al astro rey a través de la tela, diciendo en voz alta:

Que así sea y así será.

★ **RESULTADO**: la poderosa energía solar, canalizada por el oro, las flores y los colores amarillo y rojo, se transmitirá a vuestros corazones. Pronto notarás que la pasión se hace más intensa en cada encuentro con tu pareja.

★ **CONSEJO**: la próxima vez que vayas a estar con él o ella, coloca el pañuelo rojo bajo la almohada.

2.
Amuleto de pasión con hierbas y cuarzo

★ **ELEMENTOS NECESARIOS**: una piedra de cuarzo rosa; ramitas y/o hojas de acedera, bardana, caléndula, diente de león y menta (puedes reemplazar alguna de estas por valeriana); dos velas rojas y una vela blanca.

★ **LUGAR Y MOMENTO**: una estancia que puedas oscurecer totalmente, unos minutos antes del mediodía, cuando por la noche la luna esté en fase creciente.

★ **COMPLEMENTO ADICIONAL**: unos trocitos de cáscara de naranja.

REALIZACIÓN

Coloca las velas rojas a los lados de la vela blanca, un poco adelantadas para formar un triángulo, y enciéndelas. Oscurece completamente la habitación. A la luz de las velas rojas, prepara el hechizo: haz un montoncito con todas las hierbas, y amásalo entre las manos sintiendo sus vibraciones favorables. Luego colócalo entre las velas y pon en su centro la piedra de cuarzo. Si deseas que vuestra pasión tenga un matiz más afectuoso, agrega ahora las cáscaras de naranja. Enciende la vela blanca, y exactamente a las doce del mediodía coloca la yema del dedo índice de la mano izquierda sobre la piedra de cuarzo. Concéntrate profundamente en tu deseo de conservar el ardor de vuestra pasión.

Abandona el cuarto y cierra la puerta, dejando las velas encendidas (tomando las precauciones pertinentes). Vuelve a medianoche, apaga las velas y coge la piedra de cuarzo, que llevarás contigo en cada nuevo encuentro.

★ **RESULTADO**: las velas rojas, con el poder de la vela blanca, emiten vibraciones pasionales que las hierbas canalizan hacia la piedra de cuarzo. La presencia de esta en vuestros encuentros reavivará vuestra pasión.

★ **CONSEJO**: puedes reforzar el hechizo después de coger la piedra, ofreciéndola a la luz de la luna, mientras la mantienes en la palma de la mano izquierda.

Para que tu pareja no se deje seducir por otra persona

Este es un riesgo siempre presente, por bien que vayan las cosas en una relación. Lo mejor, como en tantos otros asuntos, es prevenir, aunque no divisemos ninguna nube amenazadora en el horizonte. Aparte renovar y prodigar tus manifestaciones de pasión, puedes utilizar cada tres meses este hechizo preventivo, que te ayudará a mantenerlo o mantenerla a tu lado sin atender a la «llamada de la selva».

I.
Conjuro lunar de la vela negra

⭐ **ELEMENTOS NECESARIOS**: una bandeja ovalada, una vela negra, dos velas rojas más pequeñas, doce margaritas blancas.

⭐ **LUGAR Y MOMENTO**: al aire libre (puede ser un balcón o terraza), en la hora que sigue a la medianoche, con la luna llena o en fase creciente.

⭐ **COMPLEMENTO OPCIONAL**: un anillo de plata.

 REALIZACIÓN

Debes llevar un vestido amplio blanco o de color claro, el pelo suelto, y ningún adorno, salvo el anillo de plata, si lo tienes, para atraer mejor las vibraciones de la luna. Coloca la vela negra en el centro de la bandeja, y a cada lado una vela roja. Dispón las margaritas en el borde de la bandeja, de forma que rodeen a las velas. Enciende estas con un fósforo de madera, primero la negra y luego las rojas. Concéntrate en el deseo de que nadie interfiera en vuestra relación. Acto seguido haz una inspiración profunda, coge la bandeja con ambas manos y elévala sobre tu cabeza, ofreciéndola a la luna. Entonces recita el siguiente conjuro:

Luz de luna, luna plateada,
haz que yo sea su única amada.

A continuación baja lentamente la bandeja, profundamente concentrada, y repite tres veces en voz baja:

Así sea, así es y así será.

★ **RESULTADO**: como en toda invocación a la luna, sus vibraciones inundarán tu ser y se canalizarán positivamente hacia tu amado o amada y levantará un barrera hacia la persona que intente seducirlo, sin dañarla.

★ **CONSEJO**: como ya se ha dicho, debes repetir este conjuro cada tres meses para mantener su efectividad. Y recuerda que la vela negra no es para dañar a nadie, simplemente impedirá que se acerque a tu ser amado. Ya sabes que en la filosofía de la «Bruja Moderna» y en sus manuales, no es posible dañar a ningún otro ser humano, animal, mineral o vegetal.

Para que la pasión no muera

Para el fin enunciado todos tenemos lo que suele llamarse nuestras «armas de seducción», y debemos ante todo confiar en ellas.

Ningún sortilegio podrá ayudarnos si desatendemos el uso de nuestros recursos para mantener la atracción que ejercemos sobre nuestra pareja. Pero incluso así, no vendrá mal que te proveas de un sencillo talismán para incrementar el interés que tú le provocas.

El cobre no es solo un buen conductor de electricidad, sino también de todo tipo de ondas y vibraciones astrales, como las que tú deseas dirigir sobre tu pareja. Por eso te propongo utilizar el siguiente sortilegio:

1.
Talismán de cobre para canalizar la pasión

★ **ELEMENTOS NECESARIOS**: un trozo de alambre de cobre (puede ser de un cable, quitándole la protección de plástico); un sahumador con incienso de sándalo; una foto tuya con tu pareja, lo más reciente que sea posible; un papel blanco y un lápiz rojo; canela en polvo.

★ **LUGAR Y MOMENTO**: en tu habitación, en las primeras horas de la noche de un miércoles o viernes.

★ **COMPLEMENTO OPCIONAL**: un poco de pimienta molida.

REALIZACIÓN

Enciende el sándalo con un fósforo de madera. Luego escribe los nombres de ambos en el trozo de papel, y pásalo un momento sobre el humo del sahumador. A continuación haz lo mismo con la foto, pensando en el deseo de seguir atrayendo al ser amado. Pon la foto sobre el papel, y enróllalos formando un tubito cilíndrico. Cierra uno de los extremos retorciendo el papel, y vierte el polvo de canela; si quieres que el talismán actúe con más ardor, agrega un poco de pimienta. Cierra el otro extremo, y amarra el tubito con el alambre de cobre.

Lleva este talismán en el bolso o en un bolsillo, durante un mes, cada vez que estés con tu pareja.

★ **RESULTADO**: el cobre embrujado conducirá tus deseos, y antes de que pase el mes notarás que ejerces mayor atracción sobre tu pareja.

★ **CONSEJO**: protege el talismán con un saquito de piel, para que no disperse su energía.

Para alejar represiones y tabúes

Por más modernos y liberados que creamos ser, a veces tendemos a llevar a nuestra vida amorosa y pasional ciertas represiones y tabúes que no nos permiten disfrutar libremente de los goces del amor. Eso no solo afecta a nuestra propia sensualidad, sino también a la relación con nuestra pareja, y puede llegar a poner en peligro la continuidad de la relación.

La magia liberadora es una parte fundamental de la brujería moderna, y ofrece numerosos sortilegios para librarnos de actitudes negativas y represivas. Para este caso he escogido un ejemplo, poco habitual pero muy efectivo, de hechicería por ingestión.

I.
Infusión de *ginseng* hechizada por conjuro

⭐ **ELEMENTOS NECESARIOS**: dos cucharaditas de raíz de *ginseng* picada; un cazo que puedas poner al fuego; un anillo de plata; una vela roja; una ramita de laurel o de olivo.

⭐ **LUGAR Y MOMENTO**: en la cocina, iluminada solo por la vela roja; a medianoche de un martes de fecha impar.

⭐ **COMPLEMENTO OPCIONAL**: unas hojas de menta para té.

 REALIZACIÓN

Ponte el anillo en la mano izquierda, enciende la vela y apaga las otras luces. Vierte tres tazas de agua en el cazo, y ponla a hervir. Cuando entre en ebullición, echa el *ginseng* poco a poco, agregando si quieres las hojas de menta para darle sabor. Mientras se prepara la infusión, coge la ramita en la mano derecha y llévatela al corazón. Pasa tres veces la mano izquierda por encima del cazo, repitiendo cada vez el siguiente conjuro:

> *Ginseng, no hay nada más fuerte que tú*
> *para liberarme de todo tabú.*

Después bebe una taza de la infusión, y las otras dos en la medianoche del miércoles y el jueves, siempre a la luz de la vela roja.

★ **RESULTADO**: el poder sensual del *ginseng*, embrujado por las vibraciones de la vela y el laurel, impulsará el cumplimiento del conjuro. Verás que pronto te sientes más liberada e imaginativa en tu relación pasional.

★ **CONSEJO**: no bebas café ni otra infusión hasta cinco días después, para no interferir en la acción del hechizo en tu ser.

Para disfrutar más intensamente del amor

En cierta forma este apartado se relaciona con el anterior, permitiéndote disfrutar con más intensidad de tus encuentros pasionales. Aunque se suele hablar mucho de la excitación pasional, la excesiva tensión no es de gran ayuda en esos momentos, en los que debemos estar relajados de cuerpo y mente para poder actuar con más sentimiento y sensibilidad.

Aquí te propongo dos sortilegios que te ayudarán a alcanzar esa actitud, permitiéndote ser a la vez tierna y apasionada en el amor. Y, sobre todo, disfrutar de él plenamente compartiendo esa plenitud con tu pareja.

I.
Hechizo de la espiral de helecho macho

* ⭐ **ELEMENTOS NECESARIOS**: un paño o mantel rojo, un puñado de semillas de helecho macho, una vela naranja, un collar de cadenita de oro o de plata, fósforos de madera.
* ⭐ **LUGAR Y MOMENTO**: en una habitación cerrada, con una mesa o mueble similar orientado hacia el norte, un martes de primavera o verano.
* ⭐ **COMPLEMENTO OPCIONAL**: una rosa roja.

REALIZACIÓN

Extiende el mantel como base de los elementos del hechizo. Si no te es posible operar en un día martes, puede ser jueves o sábado, pero entonces coloca antes que nada la rosa roja sobre el mantel. Reparte las semillas del helecho macho formando una espiral de unos treinta centímetros de diámetro, y sitúa en el centro la vela naranja. Quítate la cadenita y ponla en semicírculo rodeando la espiral por delante (pero detrás de la rosa, si te sirves de ella). Enciende la vela con los fósforos de madera, y déjala arder mientras cuentas hasta setenta y siete con los ojos cerrados, concentrada en tu deseo de gozar intensamente del amor. Entonces abre los ojos y vuelve a colocarte la cadenita. Acaríciala con las yemas de los dedos unidos, mientras sigues lentamente el recorrido de la espiral, semilla por semilla, tratando de sentir cómo las vibraciones cálidas y favorables invaden tu ser. Al retirarte, deja la vela encendida hasta que se consuma.

Debes llevar el collar puesto en tus próximos encuentros amorosos.

★ **RESULTADO**: el metal de la cadenita, cargado con las vibraciones que favorecen el libre disfrute del amor y la sensualidad, mantendrá esa aptitud en tu cuerpo y tu mente cuando estés con tu ser amado.

★ **CONSEJO**: debes repetir el hechizo cuando notes que se ha debilitado su efecto, que suele durar entre tres y cuatro meses.

2.
Conjuro y talismán de Venus

⭐ **ELEMENTOS NECESARIOS**: una piedra de ámbar, un sahumador, una barrita de aroma de sándalo, siete flores de azahar, un saquito de tela natural.

⭐ **LUGAR Y MOMENTO**: cualquier sitio desde donde puedas ver el lucero o estrella de Venus, al amanecer o el atardecer de un día de fecha par con dos dígitos.

⭐ **COMPLEMENTO OPCIONAL**: no lo hay en este caso.

REALIZACIÓN

Lleva el pelo y las ropas sueltas, sin joyas ni adornos. Dispón el sahumador para quemar el sándalo, y frente a él forma un círculo con las siete flores de azahar, colocando en el centro la piedra de ámbar. Enciende la barrita de sándalo y haz unos pases mágicos con las manos abiertas, llevando el humo hacia ti por encima de las flores y el ámbar. Mientras lo haces, recita el siguiente conjuro:

Venus, estrella de la pasión,
enciende de placer mi corazón

Después coge la piedra de ámbar entre los dedos pulgar e índice de ambas manos. Sostén el ámbar sobre el humo de sándalo, y repite el conjuro. Luego elévalo hacia la estrella de Venus y repítelo por tercera vez, profundamente concentrada.

Introduce el ámbar hechizado en el saquito, y llévalo contigo como talismán siempre que tengas un encuentro amoroso.

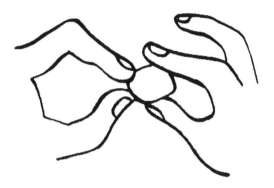

★ **RESULTADO**: la piedra de ámbar, influida por las siete flores, se ha cargado de la fuerza pasional de Venus, que el talismán te transmitirá con sus vibraciones.

★ **CONSEJO**: si te es posible, haz montar la piedra en un collar o pulsera de cadenita, para que esté en contacto contigo en todo momento. También podrás repetir el hechizo sin desmontarlo.

Para que vuestra relación sea tierna y considerada

Los sentimientos muy apasionados no siempre se acompañan de la ternura y la atención mutua que son imprescindibles en toda relación amorosa. Puedes desear tener experiencias ardientes y placenteras, pero también necesitas esas manifestaciones de cariño y consideración que completan el disfrute de los encuentros amorosos.

En el repertorio de la magia moderna existen varios sortilegios que ayudan a obtener ese fin, entre los que he escogido uno que podrás utilizar siempre que sientas que tu relación debería ser un poco más sensible y delicada.

1.
Hechizo de las once margaritas

··

★ **ELEMENTOS NECESARIOS**: una docena de margaritas blancas y frescas, un florero de cristal o cerámica (no metálico), agua de lluvia, un cuenco de madera con un poco de tu colonia floral favorita.

★ **LUGAR Y MOMENTO**: en un sitio que te resulte tranquilo y agradable, entre las siete de la mañana y la una del mediodía de un día preferiblemente soleado, que no sea lunes ni viernes.

★ **COMPLEMENTO OPCIONAL**: una cinta de color rosa.

REALIZACIÓN

Si tu situación es especialmente difícil, pero solo en ese caso, anúdate la cinta rosa alrededor de la cabeza. Vierte el agua de lluvia en el florero y coloca en él el ramo de margaritas, situándolo sobre una superficie plana. Pon delante el cuenco con agua de colonia. Coge una de las margaritas, solo una, y deshójala lentamente, dejando caer los pétalos dentro del cuenco, mientras te concentras en el deseo de mejorar tu relación con más cariño y ternura. Luego moja los dedos en el agua floral y pásatelos por la frente, las mejillas y el cuello.

Repite esta última operación cada mañana, durante siete días.

★ **RESULTADO**: la sensibilidad de las margaritas difunde sutiles vibraciones que impregnarán tu ser, y a través de ti a tu pareja, haciendo que vuestra relación sea más tierna y cariñosa.

★ **CONSEJO**: deja el florero con las once margaritas en un sitio en que puedas verlas cada día, pero retíralas antes de que se marchiten.

Para que volváis a entenderos como antes

Suele suceder que, en determinado momento, la rutina o alguna súbita desavenencia dificultan la fluidez de la relación o traban la mutua comprensión y la complicidad íntima que hace posible el mayor goce del amor. A veces, sinceramente, esto no tiene remedio, y deberás pensar en que, como dice la canción, «el amor ya no da reflejos, como antes». Pero en la mayoría de los casos, con un poco de esfuerzo y buena voluntad las cosas pueden resolverse, en especial con el apoyo de un toque de magia.

Y ese discreto toque mágico es lo que te propongo para recuperar la atención de tu amado o amada, suponiendo que tú ya pondrás lo tuyo por tu parte.

I.
Encantamiento de las cuatro velas rojas

★ **ELEMENTOS NECESARIOS**: cuatro velas rojas de buen tamaño, una foto de tu pareja, lo más reciente que sea posible; un pañuelo tuyo de seda, una joya que uses habitualmente, tres piezas pequeñas de hierro (tuercas, clavos, arandelas, etc.), siete hojas de roble, un poco de pimienta de cayena, un cartón o cartulina blanca, un rotulador rojo.

★ **LUGAR Y MOMENTO**: en tu habitación, estudio, u otra estancia que te sea cómoda y familiar, dos horas después de la caída del sol, en un día de fecha impar que no sea domingo.

★ **COMPLEMENTO OPCIONAL**: una ramita de romero

REALIZACIÓN

Con el rotulador, dibuja una cruz de san Andrés (como una X achatada) sobre la cartulina, y haz el mismo dibujo en el dorso de la foto. Coloca las velas en cada uno de los extremos de la cruz. En el centro pon tu pañuelo, y sobre él las hojas de roble, las piezas de hierro y, si quieres reforzar, la ramita de romero. Encima coloca la foto bocabajo, de forma que se vea la cruz que has dibujado, y espolvorea un poco de pimienta. Recoge las puntas del pañuelo y envuelve todo anudándolas entre sí. Enciende las velas, y concéntrate profundamente, durante siete minutos, en tu deseo de recuperar la buena relación en vuestros encuentros amorosos. Espera otros siete minutos, relajándote, y apaga las velas de izquierda a derecha.

Coloca el envoltorio debajo de tu almohada durante tres noches seguidas.

★ **RESULTADO**: se trata de un encantamiento a distancia, por medio del cual los elementos que rodean a la foto, cargados por las fuertes vibraciones de las velas rojas, actuarán sobre los sentimientos y actitudes de tu pareja.

★ **CONSEJO**: si no adviertes un cambio notable, repite el encantamiento cuando hayan pasado veintiún días.

Para que tu pareja no deje de desearte

Una vez más este hechizo se vincula al anterior, aunque tiene un carácter mucho más preventivo. Es decir, no actúa cuando las cosas empiezan a enfriarse, sino para asegurarse de que esto no suceda. Lo mejor para estos casos es proveerse de un amuleto específico, que proteja con su poder mágico la estabilidad de vuestros sentimientos y de su atracción por ti. Lo único que necesitas antes de realizarlo es una visita al herbolario más próximo.

1.
Amuleto de hierbas pasionales

★ **ELEMENTOS NECESARIOS:** unas hojas o flores secas de siete hierbas de la magia pasional (milenrama, malvavisco, caléndula, cola de caballo, eucalipto, enebro, mejorana y romero; si no tienes romero puedes utilizar tomillo o ajedrea en su lugar); una vela azul, un trozo de papel y un lápiz de madera, fósforos también de madera, un pastillero o cajita metálica.

★ **LUGAR Y MOMENTO:** en el exterior o en un sitio que dé al aire libre. Entre las diez y las doce de una noche de luna creciente.

★ **COMPLEMENTO OPCIONAL:** agua de azahar u otra colonia floral.

 REALIZACIÓN

Forma un montoncito con todas las hierbas, rocíalas si quieres con el agua para estimular sus vibraciones, y coloca en el centro la vela azul. Enciéndela y apaga todas las luces. Escribe el nombre de tu amado en el papel, acércalo a la llama y échalo en el pastillero para que acabe de quemarse. Luego siéntate frente a la vela en posición de loto, cierra los ojos y cuenta hasta treinta y tres mientras te concentras en conservar la atracción sobre tu amado o amada. Apaga inmediatamente la vela, pon un poco de cada hierba en el pastillero, junto a las cenizas del papel, y ciérralo para siempre.

Conserva el pastillero amuleto en tu habitación, y acarícialo de vez en cuando con las yemas de los dedos, en especial cuando vayas a ver a tu ser amado.

★ **RESULTADO**: las cálidas vibraciones de la vela azul, color del infinito, han enriquecido el poder de las hierbas, que se han consustanciado con el nombre de tu pareja, infundiéndole una atracción constante hacia ti.

★ **CONSEJO**: nunca lleves el amuleto contigo ni lo cambies mucho de lugar, pues se trata de un sortilegio de fuerza en reposo.

Para que tu ser amado vuelva a tu lado

Se trata de una ruptura unilateral en la que él o ella, enfadado o por las buenas, ha decidido cortar la relación y dejar de verte. Pero tú aún lo necesitas, y deseas recuperarlo para volver a estar juntos y disfrutar como antes de vuestros encuentros amorosos. Todos sabemos que no es un asunto fácil, que se pueda resolver con un hechizo sencillo y sentándose a esperar.

Por eso te ofrezco uno de los sortilegios más poderosos de la magia pasional, que has de realizar con mucha concentración y especial cuidado. Pero, sobre todo, apoyando su fuerza con tus propias energías vitales y tu actitud ante la persona que deseas recuperar.

1.
Sortilegio mayor de las doce velas

★ **ELEMENTOS NECESARIOS**: cuatro velas rojas, cuatro velas naranjas, tres velas amarillas y una vela blanca; una foto en la que tú y él o ella estéis juntos, cinco rosas rojas y tres piedras (una de cuarzo, otra de amatista y otra de lapislázuli); un sahumador, una barrita de aroma de pachulí, un papel y un rotulador rojo, fósforos de madera.

★ **LUGAR Y MOMENTO**: frente a una ventana desde la que veas el cielo, preferiblemente estando sola en casa, en una noche de plenilunio, comenzando siete minutos antes de la medianoche.

★ **COMPLEMENTO OPCIONAL**: no lo hay en este caso.

REALIZACIÓN

Dibuja en el papel una flecha y ponlo sobre la mesa de forma que la flecha apunte hacia ti. En el extremo opuesto de la flecha pon la fotografía, y detrás la vela blanca. A cada lado forma dos hileras en diagonal de velas rojas y naranjas, alternándolas como indica el dibujo. Cierra la base del triángulo con una línea que alterne las tres velas amarillas con cuatro de las rosas y coloca delante las tres piedras en fila. Al frente de todo deja la quinta rosa.

Ahora has de seguir cuidadosamente los siguientes pasos:

- Primero enciende solo la vela blanca, y concéntrate en que tu energía cósmica se una a la fuerza del sortilegio que vas a realizar.
- Luego enciende las cuatro velas rojas, comenzando por la primera de la izquierda, concentrándote cada vez en un atractivo de la persona que deseas recuperar.
- Después enciende las cuatro velas naranjas, comenzando por la primera de la derecha, concentrándote cada vez en un gesto o caricia que le ofrecerás si vuelve a ti.
- Haz una pausa, cierra los ojos, y trata de visualizar cómo las vibraciones de las velas impregnan la fotografía de los dos.
- Luego coge la quinta rosa con la mano izquierda y la vela blanca con la derecha, encendiendo con ella las tres velas amarillas.
- Entonces eleva los brazos lentamente, hacia adelante, ofrendando la vela y la rosa a la luna llena. Siente cómo sus efluvios llegan a tu ser y se transmiten a la fotografía.
- Deja la vela y la flor en su sitio, coge las tres piedras con la mano izquierda y apoya el puño sobre tu corazón, mientras con tu aliento vas apagando las velas en el orden inverso al que las has encendido, comenzando por las amarillas y acabando por la vela blanca.

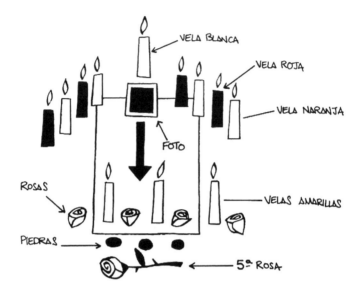

★ **RESULTADO**: todos los elementos utilizados son muy sensibles a los efluvios de la luna llena y a los tuyos propios, intensamente canalizados por el poder de las velas y de las piedras sobre tu corazón, hechizadas por las vibraciones de las velas. La foto es el símbolo y el vehículo astral de vuestro reencuentro, que se producirá casi con toda seguridad, salvo que eso fuera finalmente perjudicial para ti.

★ **CONSEJO**: la realización de este hechizo es bastante compleja, por lo que te aconsejo ensayarlo varias veces «en frío», para evitar errores que disminuirían su poder o incluso lo harían contraproducente.

Nechizos de amor familiar

Nuestros problemas afectivos no siempre provienen de las relaciones amorosas, pasionales o de pareja. Hay otros amores que llenan nuestra vida y que son tanto o más importantes y a menudo más complicados. Todos tenemos padres, hermanos, hijas o hijos a los que deseamos entregar el más intenso cariño, pero a veces no somos retribuidos como esperamos, ellos no comprenden nuestros gestos o palabras, y la relación se debilita o se rompe.

Las discusiones y peleas familiares son, desdichadamente, muy frecuentes en esta sociedad tensa y competitiva, en la que falta el tiempo y la serenidad necesarios para cuidar de nuestros afectos más próximos, unidos por lazos de sangre, de convivencia y de protección mutua. La brujería moderna dispone de numerosos sortilegios para ayudar a resolver este tipo de conflictos y desencuentros familiares, que tanto pueden amargar nuestro corazón. La mayoría de estas propuestas mágicas son sencillas y muy eficaces, pero, como siempre, debes canalizarlas con tus propias energías benéficas, y una actitud abierta y favorable a la resolución del problema.

Para que reine la armonía en tu familia

Este es un poderoso sortilegio de protección, que debes realizar por lo menos dos veces al año (al iniciarse la primavera y el otoño), para evitar que los pequeños roces o malentendidos que siempre se dan en una familia puedan alcanzar una dimensión más grave. No debemos entender la armonía familiar como una especie de limbo beatífico en el que nunca sucede nada, sino como una red de relaciones personales en la que cada uno puede ocupar su propio espacio y expresar sus opiniones, encontrando apoyo y comprensión para sus problemas.

I.
Hechizo de protección y armonía familiar

★ **ELEMENTOS NECESARIOS**: una vela blanca, una vela rosa y una vela verde; unas hojas de pino, piel de limón, clavo de olor, un paño o pañuelo azul claro.

★ **LUGAR Y MOMENTO**: en el salón o comedor familiar, estando sola en casa, un lunes, miércoles o viernes a mediodía,

★ **COMPLEMENTO OPCIONAL**: unas gotas de perfume de lavanda.

REALIZACIÓN

Coloca la vela blanca en el centro, la rosa a la izquierda y la verde a la derecha. Delante despliega el pañuelo, y distribuye sobre él las hojas de pino, la piel de limón y el clavo. Si en ese momento no te encuentras bien con la familia, ponte unas gotas de lavanda en la frente, los párpados y el mentón. Enciende la vela blanca, y concéntrate en desear el entendimiento y armonía dentro de tu familia. Cubre los elementos con los lados del pañuelo, sin anudarlo. Enciende la vela rosa y después la vela verde. Cierra los ojos y visualiza escenas agradables de la vida familiar mientras cuentas hasta treinta y tres. Luego anuda el pañuelo en un atado y apaga las velas.

Esconde el pañuelo encantado en algún mueble o recipiente del mismo salón, y déjalo allí durante siete días.

★ **RESULTADO**: la vela blanca simboliza bondad y pureza, la rosa cariño y ternura, la verde sinceridad y naturalidad. Las tres han enviado estas influencias sobre los elementos envueltos en el pañuelo azul claro, símbolo del cielo límpido, que emitirán sus vibraciones benéficas a la familia.

★ **CONSEJO**: procura esconder el atado en un sitio al que los miembros de la familia se acerquen con frecuencia.

Para que te entiendas mejor con tu padre

A veces el padre suele ser una figura un poco distante, con el que nos cuesta establecer una comunicación fluida y abierta. Es posible que no entienda nuestra posición o no apruebe algunas de las cosas que hacemos. Tal vez por rigidez, pero también porque no sabemos comunicarnos bien con él, o no comprende con claridad lo que le explicamos.

Para evitar esos malentendidos en la relación paterna, la magia actual ofrece algunos hechizos eficaces, entre los que he seleccionado un par que te ayudarán a entenderte mejor con tu padre y mantener una relación más clara y afectuosa.

I.
Hechizo de hojas de roble para la comprensión paterna

★ **ELEMENTOS NECESARIOS**: nueve hojas de roble, un papel blanco, un lápiz o rotulador, un sahumador, una barrita o bastoncillo de incienso con aroma de cedro.

★ **LUGAR Y MOMENTO**: en tu habitación, mejor durante la noche, un sábado o jueves de fecha impar.

REALIZACIÓN

Escribe en el papel el nombre y apellidos de tu padre (los que utilice habitualmente) y colócalo sobre la mesa o superficie de trabajo. Pon en el centro del papel el sahumador y distribuye las hojas de roble a su alrededor, formando un círculo. Enciende el bastoncillo de cedro, y concéntrate tres minutos en el deseo de entenderte mejor con tu padre. Luego haz unos pases mágicos sobre el sahumador, con las manos en cuenco, atrayendo el humo hacia ti. Deja arder el incienso hasta que se consuma.

★ **RESULTADO**: las vibraciones viriles y patriarcales del roble y el cedro impregnan el nombre de tu padre y tus propias energías, favoreciendo la relación y el entendimiento mutuo.

★ **CONSEJO**: si quieres reforzar el hechizo, pliega en cuatro el papel con el nombre de tu padre y ponlo debajo de tu almohada durante tres noches seguidas.

2.
Amuleto ritual de metal y hierbas

⭐ **ELEMENTOS NECESARIOS**: una vela verde, una vela azul; un objeto de metal, o con partes metálicas, que utilice habitualmente tu padre (mechero, lapicero, llavero, etc.); unas hojas de acedera, otras de enebro, y siete semillas de anís; fósforo de madera.

⭐ **LUGAR Y MOMENTO**: en un sitio tranquilo, durante la hora anterior a la medianoche, mejor en los quince primeros días de cualquier estación del año, menos el invierno.

REALIZACIÓN

Pon la vela verde a la izquierda y la azul a la derecha, colocando entre ambas el objeto de tu padre. Forma delante un montoncito con las hierbas, y rodéalo con las siete semillas de anís. Enciende la vela azul y concéntrate en los buenos momentos que has pasado con tu padre. Luego enciende la vela verde y piensa en algunos gestos o actitudes favorables que podrías tener hacia él. Recoge una a una las siete semillas, comenzando por la más próxima a ti, y siguiendo de izquierda a derecha. Cada vez visualiza cómo las llamas de las velas y las hierbas, a través de las semillas, han cargado de vibraciones positivas el objeto de tu padre.

★ **RESULTADO**: como se acaba de decir, el objeto de tu padre se ha cargado de vibraciones positivas, que favorecerán su comprensión y su actitud en la relación contigo.

★ **CONSEJO**: si puedes, es mejor que tu padre no se entere de que has utilizado ese objeto suyo, para que sus ondas negativas inconscientes no obstaculicen el sortilegio.

Para que te entiendas mejor con tu madre

No vamos a descubrir aquí que la relación con nuestra madre es uno de los afectos fundamentales que marcan nuestra vida. Sabemos que el tener problemas con ella nos crea una sensación de inseguridad y de culpa que cuestiona la imagen que tenemos de nosotros mismos y de nuestra capacidad afectiva. Pero a veces, por más que busquemos su aprobación y su comprensión, surgen malentendidos o «malas ondas» que nos colocan en ese difícil trance: no nos entendemos con ella, e incluso llegamos a distanciarnos o a enfadarnos.

El hechizo que la magia moderna te propone para conseguir una mejor relación con tu madre, es tan fuerte y complicado como el problema que pretende resolver. Realízalo con sumo cuidado, en un momento en que te sientas segura y bien dispuesta, y ensayando previamente sus pasos tantas veces como lo creas necesario.

1.
Conjuro ritual mayor del amor materno

★ **ELEMENTOS NECESARIOS**: doce velas blancas, tres velas azules, dos velas verdes; un manojo de hierbas secas (que incluya por lo menos cinco de las siguientes: angélica, bardana, menta, caléndula, diente de león, enebro, o salvia); un cuenco de metal, una foto reciente de tu madre (mejor si está contigo); una guirnalda de flores de azahar, una piedra de aguamarina, fósforos de madera.

★ **LUGAR Y MOMENTO**: al aire libre, o en un balcón o terraza amplia, el día de cualquier mes del año que coincide con tu fecha de nacimiento, preferiblemente con luna llena o creciente. Iniciar la realización exactamente a medianoche.

REALIZACIÓN

Debes llevar ropas claras y sueltas e ir descalza o con un calzado muy ligero, con la guirnalda al cuello. Dispón una mesa u otra superficie para los elementos del hechizo. Coloca sobre ella las tres velas azules en triángulo y sitúa en el centro la foto. Delante coloca el cuenco con las hierbas secas, que puedes rociar con un poco de alcohol, la vela verde y la amatista. Luego forma un círculo amplio en el suelo con las doce velas blancas e introdúcete en él.

Enciende las tres velas azules y concéntrate en la necesidad de llevarte bien con tu madre. Prende fuego a las hierbas y recita el siguiente conjuro:

Azul eterno,
haz su amor más tierno.

Enciende la vela verde y, tomándola en la mano derecha, da fuego a las doce velas blancas. Coge la amatista en la mano izquierda, llevando el puño al corazón, y recita lo siguiente:

Pureza blanca, verde esperanza,
con esta piedra mi amor te alcanza.

Eleva la vela verde hacia la luna, profundamente concentrada, y recita el conjuro final:

Madre luna, conjuro mayor
toda mi fortuna pongo en su amor.

★ **RESULTADO**: este sortilegio ritual reúne poderosas vibraciones astrales y naturales, presididas desde lo alto por la luna. Aquí abajo, la foto de tu madre recibirá todos esos efluvios, canalizados por tus conjuros, y se sentirá impulsada a mejorar vuestra relación.

★ **CONSEJO**: lleva la piedra de amatista contigo en los próximos encuentros con tu madre, para reforzar el sortilegio.

Para que te entiendas mejor con tu hijo

La relación con los hijos varones suele tener un carácter un poco especial, no solo mientras son pequeños, sino especialmente en la adolescencia y, según una amiga mía ya mayor, aun cuando ya son adultos. La magia moderna te ofrece un hechizo aparentemente muy simple pero de una gran eficacia en estos asuntos. Su ventaja adicional es que puedes realizarlo siempre que quieras: ante una situación difícil, una discusión, un malentendido o esos frecuentes ataques de rebeldía que acostumbran a tener los chicos. Debes usar tu comprensión, tu paciencia, tu amor de madre y, si crees que hace falta, este simple sortilegio.

I.
Hechizo de la vela blanca

....

★ **ELEMENTOS NECESARIOS**: una vela blanca, una prenda de tu hijo (camiseta, jersey, calcetín, etc.) que vaya a usar en los próximos días; una joya o adorno tuyo de plata, un cordón de color naranja o amarillo.

★ **LUGAR Y MOMENTO**: en una habitación tranquila, entre el atardecer y la medianoche de un martes o jueves de fecha impar.

∮ REALIZACIÓN

Enciende la vela blanca, preferiblemente frente a una ventana. Delante coloca la prenda de ropa y encima la joya de plata. Enrolla el cordón en el dedo corazón de tu mano izquierda, y mientras lo haces piensa en todos los atributos favorables de tu hijo. Luego ve desenrollándolo, concentrada en el deseo de llevarte bien con él.

Ahora haz un círculo con el cordón, rodeando la joya de plata. Intenta visualizar cómo las vibraciones de tu deseo se concentran en la joya, impulsadas por la llama de la vela.

★ **RESULTADO**: esas vibraciones benéficas han pasado a la prenda que utilizará tu hijo, y por ella se transmitirán a su ser.

★ **CONSEJO**: lleva puesta la joya de plata durante tres días seguidos.

Para que te entiendas mejor con tu hija

La relación con las hijas mujeres se canaliza a través de delicadas vibraciones femeninas, que suelen darnos momentos muy dulces y alegres, pero producir también súbitos distanciamientos o desencuentros. Para prevenir la aparición de malentendidos o enfados, y mantener un buen entendimiento con tu hija, la brujería moderna dispone de un hechizo floral que podrá serte de gran ayuda en esas circunstancias.

I.
Hechizo floral del amor filial

···

★ **ELEMENTOS NECESARIOS**: siete margaritas blancas, cinco claveles rojos, tres rosas amarillas; una cartulina blanca, un rotulador verde, una foto tuya y otra de tu hija; un sahumador, un bastoncillo de incienso con aroma de violeta, fósforos de madera.

★ **LUGAR Y MOMENTO**: en tu habitación, durante la mañana de un día entre jueves y domingo.

◌ REALIZACIÓN

Dibuja en la cartulina dos flechas horizontales que se encuentran por los vértices. En los extremos opuestos pon cada una de las fotos, la tuya a la izquierda y la de tu hija a la derecha. Delante de todo, en el centro, sitúa el sahumador. Luego distribuye las flores: tres margaritas, dos claveles y una rosa formando un círculo alrededor de cada foto, y las tres flores restantes en triángulo alrededor del sahumador. Enciende la barrita de incienso y déjala arder unos segundos, concentrándote en pasar tus energías al hechizo. Luego coge la margarita del triángulo y colócala en el punto de encuentro de las flechas, pensando en las virtudes de tu hija. Coge después el clavel, y ponlo encima de la rosa, mientras piensas en cosas que has hecho por ella. Finalmente coge la rosa y colócala debajo de la margarita, concentrándote profundamente en el deseo de mejorar la relación con tu hija y que ambas os comprendáis mejor.

Para llevarte mejor con tu hermano o hermana

Las relaciones fraternas suelen tener un tono más igualitario y cómplice, pero por eso mismo son también frecuentes las disputas y discusiones que hacen sufrir a ambas partes, muchas veces por motivos de poca importancia. Poder arreglar esas pequeñas diferencias sin llegar a enfadarse es un objetivo en el que la hechicería actual puede ser de gran ayuda.

Cuando te encuentres en una situación así, o temas que pueda llegar a presentarse, prueba a realizar este sencillo conjuro con amuleto que te propongo a continuación.

I.
Conjuro de comprensión fraternal

⭐ **ELEMENTOS NECESARIOS**: una piedra de ámbar, una vela blanca, tres hojas de sauce, una hoja pequeña de papel, un lápiz o bolígrafo, un pastillero o cajita pequeña.

⭐ **LUGAR Y MOMENTO**: en tu habitación, siempre que no la compartas. Si es así, busca otro lugar tranquilo de la casa, donde te sientas cómoda. Puedes realizar este hechizo en cualquier momento entre el amanecer y la medianoche, excepto los lunes.

REALIZACIÓN

Escribe el nombre de tu hermano o hermana en el papel, abarcando casi toda la hojita en diagonal. Luego sitúa la vela blanca y pon frente a ella el papel. Sobre este coloca las hojas de sauce, formando un pequeño triángulo, y en el centro ubica la piedra de ámbar. Luego enciende la vela, concentrándote en tu deseo de llevaros bien, durante tres minutos. Entonces envuelve el ámbar con el papel y guárdalo en tu mano izquierda. Lleva el puño a la frente, y recita el siguiente conjuro:

Ámbar de poder eterno,
haz que igual sea mi amor fraterno.

Lleva el puño al hombro derecho, y repite otra vez el conjuro. Luego colócalo sobre tu corazón, y recita el conjuro por última vez.

Antes de apagar la vela, guarda en la cajita el envoltorio con el ámbar y las tres hojas de sauce. Llévalo como amuleto durante veintiún días, dejándolo por las noches bajo tu almohada.

★ **RESULTADO**: tal como pide el conjuro, el poder del ámbar, hechizado a su vez por la vela blanca y las hojas de sauce, actuará como un poderoso amuleto para mejorar la relación y la comprensión entre vosotros.

★ **CONSEJO**: si crees que necesitas más poder mágico, puedes repetir el conjuro después de dejar pasar otros veintiún días.

ANEXO

Material necesario para preparar tus propios hechizos

En mis anteriores libros, *Manual de la Bruja Moderna, Manual de la Bruja Moderna para atraer el dinero y La magia de la Bruja Moderna* ya he tratado este tema y doy mucha información sobre cómo preparar hechizos y cómo obtener los materiales; incluso puedes preparar tú misma las velas y secar las flores. Por este motivo ahora solo mencionaré los instrumentos que son útiles en los temas de carácter amoroso. Entre los distintos elementos que pueden utilizarse para crear un hechizo, hay que destacar los cristales y piedras semipreciosas, las hierbas o plantas, los colores de las velas y los astros. Estos últimos son muy importantes para saber cuándo debe realizarse un hechizo para que sea más efectivo, ya que la posición de la Tierra y de los planetas es lo que relaciona nuestra propia energía con la del universo.

CRISTALES

Los cristales y minerales tienen un papel muy importante en los hechizos amorosos, sobre todo en temas relacionados con el sexo, el amor, la amistad y la armonía en el hogar. Por sus cualidades naturales son elementos que representan la fuerza y la permanencia. A continuación explico las cualidades de cada mineral y en qué temas puede ser más efectivo. Hay que recordar que las gemas siempre deben estar limpias de energías negativas, para que nuestros hechizos, conjuros, *sachets*, etc., puedan realizarse sin obstáculos. En mi canal de YouTube «montsebrujamoderna» hay videos en los que enseño como limpiarlos. Y también hay algunos hechizos relacionados con este tema.

Ágata fuego: debe su nombre a su color rojo intenso que nos recuerda al fuego. Trae buena suerte en los asuntos relacionados con el amor y las pasiones; especialmente indicado para las personas que están buscando un amor perfecto, con equilibrio entre la amistad y la pasión.

Ágata cornalina: su color puede variar entre el rojo y el anaranjado; la magia recomienda esta piedra para atraer armonía al hogar.

Aguamarina: este cristal es un elemento muy útil, ya que hace aumentar el buen ánimo y la alegría, facilitando la comunicación y el diálogo. Es un regalo ideal para hacer en una boda, ya que asegura la felicidad de los novios y la buena marcha del matrimonio. La aguamarina ayuda también a expresar con claridad nuestros sentimientos más profundos.

Aventurina: este cristal es muy adecuado para resolver problemas familiares. Ayuda a rechazar todas las energías negativas, está indicado para momentos de nerviosismo, crispación familiar, discusiones frecuentes, depresión, decaimiento, estrés, etc.

Baritina: se trata de un mineral muy indicado para mejorar las relaciones de pareja o de amistad. Ayuda a lograr reconciliaciones duraderas y facilita el entendimiento en el amor, haciendo desaparecer los celos, envidias o resentimientos. Es muy recomendable para aquellas personas que han sufrido un desengaño amoroso, ya que ayuda a recuperarse rápidamente y a recobrar nuestra autoestima y las energías positivas.

Calcita: es un cristal con un poder muy concentrado, que ayuda a purificar el ambiente y mantener las buenas vibraciones. Atrae la buena suerte y mantiene la paz y la armonía en el hogar. Por este motivo es muy recomendable tener una calcita en la casa, ya sea como adorno o decoración, para que proteja nuestro hogar y preserve la energía positiva.

Casiterita: contribuye a que renazca la pasión romántica y aumenta la capacidad de amar. Es muy adecuada para las parejas en crisis o si creemos que nos estamos alejando de nuestra pareja o él o ella se está distanciando demasiado.

Cuarzo rosa: esta piedra es un buen calmante de la angustia y los problemas emocionales. Nos ayuda a mantener el equilibrio interior y físico, contribuyendo a conseguir nuestro bienestar. También facilita que abramos nuestro corazón y entendimiento para poder comprender mejor a los demás y al amor.

Granate: es una piedra muy similar al rubí, pero de color más oscuro y de menos valor. Es bastante utilizado en joyería. Tiene un gran poder para estimular la creatividad y la sociabilidad, por lo que mejora las relaciones personales y también facilita la sexualidad, aportando inventiva y apetencia. Es útil para superar momentos difíciles, sobre todo en casos de depresión y baja autoestima.

Otra característica del granate es su simbología, dar esta piedra representa la fidelidad, por lo que es un regalo muy adecuado entre los miembros de una pareja ya que su significado es muy profundo.

Jade: el jade es un cristal muy adecuado para resolver dudas y problemas relacionados con las emociones y los sentimientos. Se recomienda utilizarlo en cualquier situación en que no sepamos cómo reaccionar, o no tengamos claros cuáles son nuestros deseos. En este caso se coge una piedra de jade con la mano derecha, antes de acostarnos, y se mantiene así mientras dormimos. No importa si al despertar vemos que hemos soltado la piedra, su fuerza ya ha producido efecto y pronto sabremos cómo resolver la situación.

El jade se relaciona también con todos los juegos de azar, ya que atrae la buena suerte en estas cuestiones. Tienes una descripción más amplia, sobre el azar y la buena suerte en el libro *Manual de la Bruja Moderna para atraer el dinero*.

Jaspe rojo: esta piedra es muy adecuada para las relaciones pasionales. Ayuda a disfrutar más de la situación de pareja y a encauzarla. Mantiene los sentimientos intensos y la pasión. También sirve como afrodisíaco y estabilizador amoroso.

Jaspe sanguíneo: este cristal ayuda a solucionar problemas relacionados con la comunicación, ya que ayuda a expresarse mejor, con más claridad y mayor fluidez. También es útil para ayudar a recuperarse de trastornos sexuales.

Lapislázuli: esta piedra es muy eficaz para abrir nuestra mente. Se relaciona con los pensamientos racionales y el despertar de la mente en una conciencia superior. Ayuda en la comunicación y libera nuestra mente, expandiendo las fronteras de nuestro pensamiento.

En muchas culturas esta piedra es muy valorada, y es un símbolo de riqueza, por lo que recibe el nombre de «la piedra del dinero».

Malaquita: tiene propiedades equilibradoras. Por eso ayuda a superar rupturas amorosas y a mejorar el estado de ánimo tras esta situación, Si se usa como amuleto, ahuyenta las pesadillas, y también sirve para recuperar un amor y hacer volver a la persona amada.

Ónix: esta piedra es muy eficaz para la seducción. El ónix de tonalidades rosadas aumenta el encanto personal y facilita la conquista de la persona deseada, ejerciendo un poder de atracción entre las personas del sexo opuesto.

Ópalo: existen diversas variedades de ópalo y todas son eficaces a la hora de provocar situaciones románticas y de conseguir lo que deseamos de la persona amada.

Pirita: es por excelencia la piedra del hogar. Aporta equilibrio y bienestar en los ambientes donde se coloque, llenando la casa de armonía y vibraciones positivas.

Rodocrosita: genera serenidad interior y un sentimiento de paz y comprensión hacia nuestros semejantes. Despierta nuestra solidaridad y generosidad. Transmite a nuestro cuerpo la energía telúrica.

Rubí: esta piedra preciosa es muy apreciada en joyería por su gran belleza. También se puede utilizar como amuleto para hacer renacer el amor en un momento de crisis; o para avivar la pasión, y generar nuevas y excitantes aventuras amorosas.

Topacio: existen diferentes variedades de topacio, pero todas son útiles para liberar energías sexuales reprimidas y facilitar la comunicación amorosa. Es el símbolo de la felicidad y la alegría.

Turmalina: simboliza la pasión y favorece la expresión del amor. Ayuda a despertar la pasión en alguien a quien se desee conquistar y rompe la rutina matrimonial.

Turquesa: ejerce una gran influencia en todo lo que está relacionado con nuestra vida afectiva. Facilita las reconciliaciones, aumenta la comunicación y entendimiento con las personas cercanas, y calma el odio y la ira, incrementando las energías positivas.

Variscita: es un símbolo de la virilidad y la sensualidad masculina. Es muy eficaz para conseguir una sexualidad plena y disfrutar al máximo del contacto físico. Además es útil para los momentos de tensión y estrés, ya que elimina las vibraciones negativas y aporta una sensación de tranquilidad y ligereza.

No soy ninguna experta en cristales, pero puedo asegurar que son muy eficaces en los hechizos y en la magia cotidiana; se trata de elementos con una gran potencia y fortísimas vibraciones. Conocer algo sobre sus poderes, te permitirá aprovechar esta fuente natural de energía y aprender a utilizarla en tu favor.

En las civilizaciones ancestrales se le daba mucho valor a los cristales y se conocían mejor sus cualidades, simbolismo que hoy en día se ha perdido, pero que está presente en distintas creencias y culturas.

Los cristales pueden ser una herramienta muy útil en tus hechizos y en tu vida diaria, para mantener tu energía y vibraciones en equilibrio con el cosmos y con los demás. En la página 124 de mi libro *Manual de la Bruja Moderna para atraer el dinero* encontrarás instrucciones para limpiarlos de manera correcta.

HIERBAS

Desde tiempos inmemoriales, las hierbas se han utilizado con fines medicinales. Hoy en día, con el resurgimiento de la medicina natural y la homeopatía, parece ser que se está recuperando su valor y los conocimientos ancestrales sobre la capacidad curativa de las plantas. Pero aquí no vamos a hablar de sus poderes medicinales, sino que trataremos sus capacidades mágicas, aplicando sus propiedades a la brujería; y centrándonos sobre todo en los aspectos del amor, los sentimientos, las emociones y la pasión. En uno de los libros de esta colección, *Manual de la bruja moderna*, encontrarás instrucciones para secar las hierbas y las flores desde la página 60 hasta la 62.

Abedul: el olor del abedul aleja a la muerte y protege de los maleficios, es muy útil para superar depresiones y estados de melancolía, algunos provocados por el desamor.

Abeto: se trata de una planta eficaz para la fertilidad. Se debe azotar suavemente con sus ramas el vientre de las mujeres, para atraer la fecundidad.

Almendro: los deliciosos frutos de este árbol se vinculan con los usos matrimoniales. Si se toman triturados o machacados aumentan la apetencia sexual y mejoran la fecundidad y la comunicación en el amor.

Bambú negro: esta planta, quemada en un sahumador, atrae el amor, la alegría y la vitalidad. También puedes llevar un trocito de ese bambú negro, en un *sachet* de color rosa, entre tus objetos personales.

Canela: esta especia tan utilizada en la cocina es un conocido afrodisíaco, pero además sirve para protegernos de la envidia y los celos, ahuyentando las vibraciones negativas.

Cardo: existe un ritual muy antiguo que se realiza en Cataluña la noche de San Juan. Esa noche se deben coger tres cardos, a cada uno se le ata un hilo de color distinto con el nombre de tres pretendientes. Luego se plantan los tres, y el que florezca primero es el pretendiente que debe elegirse como pareja.

Castaño: si se colocan castañas crudas en una bolsa junto a otros amuletos, y se llevan encima, puede ayudar a quedar embarazada.

Clavo: es una planta muy utilizada en la magia y en los hechizos. Si se ponen en la boca durante un rato, aumentan el deseo y la potencia sexual. También es muy efectivo llevar unos cuantos clavos en un *sachet* de color rosa, y si se le añade un trocito de canela se obtienen aún mejores resultados.

Coriandro (más conocido como Cilantro): sirve para atraer el amor, sobre todo si se queman sus semillas en sahumador.

Coregüela o correhuela: son unas divertidas campanillas. Proporciona ardor y vigor amoroso.

Endrino: esta planta es el talismán de los amantes furtivos. Se dice que impide que las malas intenciones alcancen a los amantes; y que si una pareja se declara junto a un endrino, el matrimonio, el éxito y la felicidad están garantizados. También sirve como amuleto, para protegernos y atraer la buena suerte, en este caso se recomienda llevar una hoja de endrino en el monedero o bolso. Si pides un deseo junto a esta planta, seguramente lo verás cumplido.

Ginseng: es un excelente rejuvenecedor y favorece el erotismo, es un gran afrodisíaco.

Granada: desde la Antigüedad la granada se ha utilizado como símbolo de la fertilidad, y ese es su poder, ya que favorece la fecundación.

Habichuela: se trata de otro símbolo de la fertilidad. Llevar un puñadito en un *sachet* rosa o rojo.

Helecho: si se recoge en la noche de San Juan, actúa como talismán para cumplir deseos y obtener protección.

Laurel: esta planta también es muy eficaz para conseguir que se cumplan nuestros deseos.

Ligústico: esta planta es conocida como la hierba del amor. Si se prepara en infusión o se añade al agua del baño, sirve para atraer a un amante. Es muy eficaz, en los hechizos amorosos.

Mercurial: si se lleva encima, aumenta la posibilidad de concepción, tiene poderes afrodisíacos y estimula el apetito sexual.

Nenúfar: si se toma en infusión aumenta la virilidad y la potencia sexual.

Verbena: si se recoge la noche de San Juan, esta planta tiene un gran poder en hechizos amorosos, también es considerada como la hierba del amor.

COLORES DE LAS VELAS

Como sabemos bien, los colores juegan un importante papel en la magia y los hechizos. En el caso de las velas su color representa aquello que deseamos potenciar y aumentar. Los colores se relacionan con metales y planetas. Su energía y vibración será más eficaz si se combina con elementos que radian en la misma onda o frecuencia, por eso a continuación expongo una serie de combinaciones para hacer buen trabajo y unir todo aquello que necesitas para realizar tus hechizos.

Te recuerdo que en los tres libros anteriores de la «Bruja Moderna», tienes más información sobre el color de las velas, sus significados y cómo y para qué hechizos y conjuros son más beneficiosos. Nunca se repite la información, por lo que esta siempre es ampliada, diferente y adecuada, para los diferentes trabajos que deseemos realizar.

Blanco (Luna): es la vela comodín, representa la luz, la energía cósmica superior, la verdad y la paz.
Se emplea en consagraciones, protecciones para el hogar, meditación, exorcismo, clarividencia y adivinación.

Plata (Luna): representa lo femenino, se relaciona con la protección y todas las características femeninas.
Se emplea en la creatividad, en lo femenino, clarividencia y protección.

Rojo (Marte): se relaciona con la pasión, la sexualidad y las emociones externas.

Se emplea en antidepresivos, revitalizantes y para aumentar la fertilidad, la sexualidad y la voluntad (no debe usarse nunca en caso de fiebre, hemorragias o alteraciones nerviosas...).

Amarillo (Mercurio): se relaciona con el poder, la autoestima y el afán de perfección, la esencia y nuestro maestro interior.

Se emplea en aumentar el encanto, la atracción y también para incrementar la riqueza, el comercio, el intercambio y la comunicación.

Azul (Júpiter): es nuestra proyección astral, representa la justicia y el mundo de los sueños.

Se emplea en aumentar la sabiduría y la tranquilidad, y el éxito en los estudios. También nos protege mientras dormimos y ayuda a tener sueños proféticos y a saber descifrarlos. Es eficaz en asuntos relacionados con la justicia, como denuncias, embargos, pleitos y otros problemas legales.

Morado (Júpiter): se relaciona con la fe, la fuerza espiritual y la conciencia universal.

Se emplea en estudios superiores, espiritualidad, misticismo y prestigio social, es eficaz en todo lo relacionado con las ceremonias y ritos sociales.

Verde (Venus): está relacionado con el éxito y la abundancia, por lo que también representa la fertilidad.

Se emplea en aumentar la salud, la suerte, el dinero, el amor, la juventud, y en contrarrestar los celos y las envidias.

Rosa (Venus): este color siempre se relaciona con el amor, aunque también representa la armonía.

Se emplea en cualquier cosa relacionada con el amor, la feminidad y la amistad. También ayuda en el mundo de los sueños a que sean más agradables.

Índigo (Saturno): este color representa la conexión espiritual, la curación y el desarrollo psíquico y creativo.

Se emplea en meditación, transformación, la conexión y curación espiritual.

Negro (Saturno): nos protege de energías y fuerzas ajenas.

Se emplea en protección y para eliminar y liberar energías negativas o partes oscuras.

Naranja (Sol): representa el poder psíquico, la protección y vitalidad.

Se emplea en proteger el matrimonio, estimular la energía, aumentar la paz y la protección en los viajes.

Dorado (Sol): se relaciona con todo lo que tenga que ver con la fama y el éxito social.

Se emplea en conseguir la fama, el honor y la gloria. También es eficaz en todo lo que se asocia con el dinero.

LOS ASTROS

El septenario: se trata de siete astros del sistema solar. Esta clasificación es la más habitual en los trabajos mágicos y se relaciona con los siete astros tradicionales que se utilizan en ocultismo y se corresponden con los siete días de la semana (Luna, Marte, Mercurio, Júpiter, Venus, Saturno y Sol).

Cada uno de ellos rige un aspecto de la realidad personal, de modo que podemos orientar la fuerza en una dirección concreta y bien definida, que nos facilitará enormemente nuestro trabajo. Cada uno de estos astros se asocia con una divinidad, que es reconocible en cualquier cultura o mitología, ya que representan o personifican los aspectos arquetípicos de la vida, que se han escenificado en forma de dioses para facilitar su comprensión.

Cada uno de estos dioses posee una serie de atributos, colores, símbolos, leyendas, vestimentas y actitudes que nos permiten profundizar en la comprensión de la fuerza que representan, y que nos sirven para sintonizar, a través de ellos, con los aspectos concretos de la fuerza cósmica y de nuestro interior. En este apartado me centro en los astros y en su valor esotérico para que puedas utilizarlo en la preparación de tus hechizos.

LA LUNA

Se asocia a la sensibilidad y la intuición, y a todo lo relacionado con el mundo psíquico; también está relacionada con los procesos de meditación y de videncia. Corresponde a la vida espiritual y a los sentimientos profundos del ser humano, especialmente con todo lo asociado al mundo femenino. Se vincula con la idea de protección del hogar y de la familia, con el romanticismo, la poesía, el misterio y la noche. La tradición cristiana la asocia al arcángel Gabriel.

Trabajamos sus poderes para potenciar y proteger a las mujeres en general y al mundo femenino. Facilita la concepción, la fertilidad, la protección en alumbramientos, la salud del bebé y todo lo relacionado con la maternidad y las relaciones entre madres e hijos. Asimismo, por asociación entre el concepto de parto y la creatividad, se la vincula con las ideas y las creaciones artísticas.

Protege la familia y la vida doméstica. Por asociación se relaciona con la nutrición, los alimentos y los problemas digestivos o de estómago. Estimula el desarrollo de las capacidades psíquicas como la intuición, la receptividad y la comprensión de los demás. Facilita la conexión con los difuntos y con los reinos astrales, ayuda a descifrar el destino y los misterios.

La Luna está directamente relacionada con las mareas, por lo que protege los viajes por mar, a los marineros y todo lo que tenga que ver con el agua, desde el océano hasta los ríos y pozos. También representa la regeneración, la limpieza y la purificación.

MARTE

En la mitología griega Marte era el dios de la guerra, por lo que la fuerza de este planeta se utiliza cuando se necesita la fuerza de un guerrero para solucionar un problema o hacer frente a una situación. Marte nos ayuda a obtener fuerzas que no creíamos poseer.

Como guerrero, se asocia a la agresividad y a la sangre. Ayuda a impulsar el coraje y la fuerza activa que permite combatir, actuar o enfrentar peligros o defenderse de nuestros enemigos, luchar por un ideal o proyecto y avanzar en una dirección propuesta. Rige la voluntad, la fortaleza de carácter y la energía. Por eso es óptimo para reforzar la salud y superar enfermedades o debilitamientos; aunque no debe utilizarse en los males en que predomina la influencia de este planeta, como son las hemorragias, las fiebres, los ardores, la hipertensión, las alteraciones nerviosas, etc. Porque en este caso lo único que conseguiríamos sería empeorar el problema que deseamos sanar.

Marte es ideal para aumentar la vitalidad y las energías. Marca la decisión, el valor, el empuje y el arrojo en todo lo que nos propongamos. El cristianismo le atribuye el arcángel Samael.

Trabajamos sus poderes para aumentar el valor, coraje y fuerza para hacer frente a los desafíos. Ofrece su protección ante el fuego y todo tipo de armas o elementos cortantes como espadas o cuchillos; por ello se relaciona con las operaciones y los cirujanos.

Por su carácter guerrero protege en la guerra y en las batallas, además de facilitar el cuidado del cuerpo y el bienestar físico. Se asocia con el liderazgo, con la ambición y la capacidad para resolver y superar obstáculos.

Aporta salud y entusiasmo y también está relacionado con la sexualidad y la pasión.

MERCURIO

Se asocia con el intelecto. Mercurio era el mensajero de los dioses, por lo que es el protector de las comunicaciones, de los viajes, de la locuacidad y del comercio. Esta fuerza planetaria está vinculada con todas estas actividades. Mercurio se asocia con las relaciones comerciales, las asociaciones, las amistades, la negociación y el razonamiento. Por su carácter intelectual es el protector de los exámenes y estudios, así como de la comunicación y de los medios de difusión cultural. También se asocia a la adivinación, si se une su poder al de la Luna.

Protector de los viajes y de los viajeros, provee de inteligencia y astucia para negociar, así como de serenidad y de la habilidad manual de los artesanos, primeros comerciantes de la historia. En el cristianismo se lo asocia al arcángel Rafael.

Trabajamos sus poderes para todo lo relacionado con el estudio y el trabajo intelectual, especialmente lo que se asocia con el uso del lenguaje y de los idiomas y alfabetos. Así es el protector de los escritores y periodistas, y de todos los que utilicen o fabriquen elementos de escritura, desde la pluma hasta el ordenador. Y por supuesto es el patrón de los comerciantes y de los viajeros, y protege los mensajes y a los mensajeros. También facilita la percepción y los procesos mentales, como la comunicación y la adquisición de conocimientos y habilidades. Por ello también protege las escuelas y a los profesores, los libros y la educación. Se relaciona a su vez con la destreza y la habilidad manual.

En el plano personal o familiar rige las relaciones entre hermanos, parientes y vecinos, y protege a los visitantes.

En el cuerpo humano se asocian a Mercurio, el sistema nervioso y los pulmones.

JÚPITER

Este es el nombre romano de Zeus, por lo que se vincula con los honores y la equidad. Se asocia a la administración de justicia, a todos los procesos legales y asuntos judiciales, así como a la capacidad de discernir entre lo justo y lo injusto. También se relaciona con la madurez, la seriedad, la responsabilidad y la religiosidad.

Los cristianos le atribuyen el arcángel Sachiel.

Trabajamos sus poderes para aumentar el prestigio social. Se asocia a profesiones relacionadas con la justicia, como abogados y jueces. Protege todo lo relacionado con asuntos legales como juicios, pleitos, tribunales y la administración en general. Por extensión ayuda a tomar decisiones. También protege las ceremonias, celebraciones y ritos sociales, como bautizos, bodas, desfiles, etc.

Se relaciona con la suerte y los juegos de azar. Asimismo protege las riquezas y las profesiones asociadas al dinero como las relacionadas con la banca, la bolsa y el Tesoro Público.

En el cuerpo humano representa el hígado y la sangre.

VENUS

Es el planeta asociado a la diosa del amor y lo representa en todos sus aspectos. Implica toda la gama de emociones desde las simplemente amistosas hasta las más pasionales. Promueve el afecto, la amistad, la ternura, la sexualidad, la procreación y la obtención de frutos. Relacionado con este último aspecto, se puede utilizar para obtener dinero.

Se relaciona con el arcángel Anael.

Trabajamos sus poderes para el amor en general. Protección del matrimonio y la compañía de todo tipo. Patrón del arte y de los artistas, especialmente de los músicos. Protege las reuniones sociales y facilita la sociabilidad.

Se relaciona con la belleza y la elegancia; el mundo de la moda y la cosmética. Por ser protector del amor también lo es de la sexualidad, la pasión y la sensualidad. Protege a los amantes y las aventuras amorosas.

Se asocia con las joyas y objetos brillantes. Representa la concordancia y la reconciliación. En el cuerpo humano se asocia con los riñones.

SATURNO

Es el que establece los límites y detiene o congela. Se utiliza cuando se desea frenar un proceso, como en el caso de una enfermedad o una discordia. Junto con la Luna ayuda en la obtención de conocimientos ocultos.

Se asocia al ocultismo y a la muerte. Representa el aislamiento y la soledad y se relaciona con los aspectos de la vejez y del tiempo como son la serenidad, la astucia y la sabiduría de la experiencia.

En el cristianismo se le atribuye el arcángel Cassiel.

Trabajamos sus poderes para proteger las casas y propiedades inmuebles. Cuidado de las personas ancianas, el tiempo y los relojes. Se relaciona con la puntualidad, la paciencia y la abnegación.

También se relaciona con la disciplina, el deber y la responsabilidad.

En la salud se asocia a los huesos y a las enfermedades debidas a la edad o al frío, como el reumatismo.

SOL

Es el astro rey y se asocia directamente con el oro. Sus atributos se utilizan para conseguir una mejor posición económica y en la obtención de dinero. Específicamente se asocia al poder y a la fama y el prestigio social. Provee de orgullo, confianza y fuerza interior para sobresalir entre los demás. Se asocia a la personalidad, el yo y todos los asuntos que tengan que ver con los honores, la fama y la gloria.

En el cristianismo se le atribuye el arcángel Miguel.

Trabajamos sus poderes para conseguir fama y fortuna. Proteger el oro y las riquezas, todo lo relacionado con la posición social y el lado masculino. La ambición. Representa la autoridad y, por tanto, se asocia a la figura paterna.

Simboliza el cuerpo humano en conjunto, por lo que se relaciona con la salud, el bienestar y la curación. También se asocia al pecho, la columna vertebral y a los problemas cardíacos.

Por ser el protector del éxito, también protege a las personas que trabajan ante un público, es decir, los actores, cantantes, bailarines, etc. Facilita el entretenimiento y el triunfo.

DÍA	ASTRO	ARCÁNGEL	METAL	COLOR	INCIENSO	JOYAS	SÍMBOLO
Lunes	Luna	Gabriel	Plata	Blanco plata	Madreselva Mirto Sauce Ajenjo	Perla Piedra lunar Aguamarina Cristal	☽
Martes	Marte	Samael	Hierro	Rojo	Sangre de dragón Pachuli	Rubí Imán Granate Cornalina	♂
Miércoles	Mercurio	Rafael	Mercurio	Amarillo	Jazmín Espliego	Berilo Ágata Ópalo Ojo de gato	☿
Jueves	Júpiter	Sachiel	Estaño	Azul claro Morado	Cinamomo Almizcle Nuez moscada Salvia	Turquesa Amatista Lapislázuli	♃
Viernes	Venus	Anael	Cobre	Verde Rosa	Fresa Sándalo Rosa Azafrán Vainilla	Esmeralda Ágata Coral rosa	♀
Sábado	Saturno	Cassiel	Plomo	Índigo Negro	Semillas negras de amapola Mirra	Ónix Perla negra Azabache Coral negro	♄
Domingo	Sol	Miguel	Oro	Naranja Dorado	Olímbano Limón	Cuarzo Diamante Crisólito	☉

Si deseas recibir información sobre las actividades de Montse Osuna (cursos, talleres, charlas, consulta, terapia, publicaciones, etc.), puedes encontrarla en:

www.montseosuna.com

contacto@montseosuna.com

ACOMPÁÑAME EN MIS REDES SOCIALES